教育部2014年青年项目“西部少数民族地区省级媒体‘城镇化报道’与凝聚社会共识的关系研究”成果

西部地区城镇化建设与媒体关联作用研究

俞运宏 / 编著

西南交通大学出版社
成　都

图书在版编目（C I P）数据

西部地区城镇化建设与媒体关联作用研究 / 俞运宏编著. —成都：西南交通大学出版社，2020.11
ISBN 978-7-5643-7767-0

Ⅰ. ①西… Ⅱ. ①俞… Ⅲ. ①城市化－协调发展－关系－新闻报道－研究－西北地区②城市化－协调发展－关系－新闻报道－研究－西南地区 Ⅳ. ①F299.27②G212

中国版本图书馆 CIP 数据核字（2020）第 210128 号

Xibu Diqu Chengzhenhua Jianshe yu Meiti Guanlian Zuoyong Yanjiu

西部地区城镇化建设与媒体关联作用研究

俞运宏　编著

责任编辑	居碧娟
封面设计	墨创文化
出版发行	西南交通大学出版社 （四川省成都市金牛区二环路北一段 111 号 西南交通大学创新大厦 21 楼）
发行部电话	028-87600564　028-87600533
邮政编码	610031
网　　址	http://www.xnjdcbs.com
印　　刷	成都蜀通印务有限责任公司
成品尺寸	170 mm × 230 mm
印　　张	7
字　　数	111 千
版　　次	2020 年 11 月第 1 版
印　　次	2020 年 11 月第 1 次
书　　号	ISBN 978-7-5643-7767-0
定　　价	49.00 元

前言

作为一个在新疆长大，大学毕业到四川成都读研，之后又在成都工作生活了十多年的人，我对新疆和四川这两个西部省区都比较熟悉。新型城镇化战略在全国推行以来，作为熟悉这两地风土人情并经常游走其间的人，我时常可以看到或感受到城镇化给这两地所带来的变化。这些经历与感受促成我去申报城镇化课题，并成功立项，而课题研究团队的组建和之后调研亦因为这些方面有着些许便利条件。

本书第一章、第二章、第六章由课题主持人本人执笔，字里行间体现的是本人在调研后的一些思考。第三、四、五章由本课题组成员们执笔完成（分别为：第三章第一节由代立、王琦铭完成，第三章第二节、第五章第三节由代立、杨学敏完成，第四章由代立完成，第五章由代立、单雪琴完成），其中既有他们在日常新闻工作与城镇化勾连之处的思考，又有他们调研后的体悟。第三、四、五章从整体文风来看，是文学功底与新闻工作相嫁接后产生的专题，它们的作者不同于我这样从本科到博士一直就读于新闻专业的作者。作为编著者，在统一文稿风格与保持研究成果多样性的考虑中我更倾向于后者，于是在统稿时除了必要的文字修改外，我最大限度地保留了其他作者原创性的思考和夹杂着文学味道的新闻类学术思考（读起来很有趣味）。这些文字哪怕带有学术随笔的模样，也依然会对后续研究有重要的参考价值，因为当年我们的文献查询工作几乎是在一穷二白的基础上进行，这在绪论中会专门谈到。

感谢我的硕士生导师张立伟先生，没有他的启发，我不会与城镇化研究结缘。

感谢西南交大出版社的编辑郭发仔、居碧娟两位老师对我的督促、指导、支持，不然不会有本书的面世。

感谢我课题组成员们的支持与合作，没有他们的努力，调研和写作将会难度大增。在这里尤其感谢老友代立的才华与踏实，作为繁忙的媒体人，他在喧嚣浮躁与紧张忙碌并存的日常生活中硬是挤出很多时间静心去查阅资料、访谈、思考、写作。

感谢在各路媒体调研中给我很多支持与帮助的人们，尽管在本书中很多素材最后并没有呈现，但是这依然是我和课题组成员宝贵的财富，以后依然可以用于其他学术研究。

感谢我的爱人和年幼的孩子，如果没有他们的理解和包容，在忙碌而琐碎的生活中我根本挤不出时间来完成课题调研、写作，因而也就不会有此书完稿的一天。

也感谢未来的读者，你们很可能是对城镇化研究感兴趣的人，感谢接纳翻阅此书，如果本书能为您的研究提供一点参考或帮助，我们将感到非常荣幸，也会感到自己当年付出的辛苦努力是有价值的。

俞运宏

2019 年 5 月 19 日于双流航空港

目录

绪 论

城镇化建设对于中国而言是解决农业、农村、农民问题的重要途径，是推动区域协调发展的有力支撑，是扩大内需和促进产业升级的重要抓手，对中国全面建成小康社会、加快推进社会主义现代化具有重大现实意义和深远历史意义。

改革开放以来，伴随着工业化进程加速，我国城镇化经历了一个虽然起点比较低但是发展速度较快的历史过程。自 1978 至 2013 年，全国城镇常住人口从 1.7 亿人增加到 7.3 亿人，相应地，全国的城镇化率从 17.9%提升到 53.7%，年均提高 1.02 个百分点；城市数量从最初的 193 个增加到 658 个，建制镇数量从原先的 2173 个增加到 20 113 个。京津冀、长江三角洲、珠江三角洲这三大城市群，既是带动我国经济快速增长的区域，也是参与国际经济合作与竞争的主要平台——目前它们以 2.8%的国土面积集聚了 18%的人口，创造了 36%的国内生产总值，这为全国推进城镇化树立了成功的参考样本。①

全国上下一盘棋，快速推动城镇化，势必为近年的经济与社会转型带来深远的影响。首先，全国大中小城市的水、电、路、气、信息网络等公共基础设施在不同程度上得以改善，而城市的教育、医疗、文化体育、社会保障等公共服务水平亦得以明显提高；随着公共绿地面积的大幅增加和各地棚户区的改造，各城市的人居环境也得到了改良；其次，各省市区的城镇化发展在客观上吸纳了大量转移就业的农村劳动力，这不但促进了城乡生产要素更有效率的配置，而且有效地拉动了内需，对于各地房地产的去存量与积极开发有着重要推动作用；第三，各省区市推进的城镇化改革能逐渐缩小城乡差距并有效地破解城乡二元结构的历史遗留问题，同时对乡村振兴和日益凸显的“大城市病”有积极作用，因此全国城镇化的推行势必会带来中国社会结构的深刻变革。

但是在这个初始的城镇化阶段，存在很多需要深层调整改革的问题，

① 国家新型城镇化规划（2014—2020 年）。

原先粗放式的城镇化建设必须向高质量建设转型。因此，自十八大召开以来，“新型城镇化”成为中国经济社会发展中的热点话题。“新型城镇化”强调的是以人为本的城镇化，强调进城后的农民面临的一系列问题该如何有效解决的城镇化。十八届三中全会公布的《中共中央关于全面深化改革若干重大问题的决定》指出今后要将完善城镇化发展作为深化改革的重点目标之一，要坚持走中国特色新型城镇化道路，推进以人为核心的城镇化。

在 2013 年 12 日至 13 日，在北京举行的第一届中央城镇化工作会议强调：在我们这样一个拥有 13 亿人口的发展中大国实现城镇化，在人类发展史上没有先例。只要城镇化目标正确、方向对头，能走出一条新路，那么城镇化的推进将有利于区域协调发展、扩大内需、促进产业升级，释放内需的巨大潜力、提高劳动生产率、破解城乡二元结构（“城镇化”是解决“三农”问题的重要途径）、促进社会公平和共同富裕，世界经济和生态环境也将从中国的城镇化进程中受益。同年 12 月 10 日至 13 日，在北京举行的中央经济工作会议提出，从 2014 年开始，全国的经济工作要积极稳妥地推进新型城镇化，着力提高城镇化质量。随后国家新型城镇化规划（2014—2020 年）出台，而各省区市的新型城镇化规划（2014—2020 年）也相继推出，新疆和四川的新型城镇化规划（2014—2020 年）也在这个背景下应运而生。

新疆和四川同属于西部省区，分别位于西北与西南，都拥有众多世居的少数民族，两者都是广阔的西部地区中具有代表性的省区——新疆地处西北边疆，与境外多国接壤，拥有优质的能源和农牧业资源，是古丝绸之路的重要通途和边贸重地，目前是丝绸之路经济带上的核心区。四川在西南地区，历史悠久，文化旅游资源丰富，经济科技发展迅速，省内聚居着羌、彝、藏族等少数民族，四川拥有全国最大的彝族聚居区（凉山彝族自治州）和第二大藏族聚居区，四川当前是南方丝绸之路的必经节点和长江经济带上的重要省份。

在这两省区乃至整个西部地区开展新型城镇化建设所面临的情况远比东部、中部地区复杂得多，一般说来，东中部地区有着较好的工业基础和经济基础，生态环境比西部优越，文化教育条件也好过广大的西部地区。城镇化与工业化是现代化的两大引擎，在工业化基础较好、经济与文化教育发展较快的中东部地区推进城镇化自然会容易些，这些地区走向现代化所遇到的困难相对会少些。而在工业化基础较薄弱、经济与文化教育发展相对滞后的西部进行新型城镇化建设势必会遇到更多的困难与阻力，这必定是一个需要持续注入改革能量的长期发展过程。

在这场持久的攻坚战中，改革能否顺利地推进下去将有赖于能否在各民族、各阶层群众中凝聚最广泛的社会共识。作为当地的主流新闻媒体，西部地区的省级传媒在广泛凝聚社会共识方面起着其他社会力量无法替代的作用。因此，作为当地的主流新闻媒体，西部省级传媒在当地城镇化建设进程中也会起到不可替代的推动作用。

本书选取这个两省区的主流媒体之“城镇化报道”作为研究对象，旨在探析西部地区城镇化建设与媒体的相关（城镇化）报道之间存在哪些关联作用（主要指积极作用）。由于受各方面条件所限，本书特意选择了两家省级党报——《新疆日报》和《四川日报》、两家在当地影响力较大的都市报——新疆的《都市消费晨报》和四川的《华西都市报》作为研究对象，考察这四家主流纸媒的“城镇化报道”与当地的城镇化建设之间有哪些关联作用。本书将这个问题集中到 2013 年 5 月—2019 年 1 月的时间段中进行研究，之所以要聚焦于这五年半的时间，是因为这个时间正是自新型城镇化政策酝酿成熟至中央正式下达并在各省区推进落实的重要时段，是新型城镇化战略在全国推进的最初“五年建设期”。

上述问题曾经作为课题进行申报并成功立项，成为 2014 年度教育部的青年课题，在该课题面临结项之际，课题组人员考虑到如果将在调研中采集到的有价值的素材和平日里研究者们的思考整合起来，就能给后续的研究者提供较为丰富的参考阅读材料（至少远比我们当时做研究时面临的资料缺乏状况好得多）。我们作为城镇化浪潮中第一波研究媒体相关报道的踏浪者，由于能力有限，只能采撷到各种贝壳，继而想将贝壳加工成一个简单的工艺品以供留念和观赏，这是写作本书的初衷。

2014 年 6 月，上述研究课题获批，但是在之后的媒体调研中，我们发现一些媒体从业者在城镇化政策推行的最初一两年对于什么是“城镇化报道”基本没有概念，很多人的思路依然停留在三农问题、农民工问题或者城市民生问题等新闻宣传路径上，对新型城镇化建设如何在新闻报道上跟进则缺乏明确的思路。另外，调研者在这一时期曾在中国知网全文数据库中屡次以“城镇化报道”“主流媒体城镇化报道”“西部城镇化报道”为主题进行搜索，基本上没搜到相关的报道和研究论文；如果以上述词条为关键词进行搜索，则能搜索出一些涉及“三农”问题的新闻报道和研究论文，这些文章会不同程度地涉及“城镇化”问题，但都不是把“城镇化”作为主要的报道对象或研究对象。

在媒体的新闻实践和学界的学理研究两方面遇到了对“城镇化”的认识的滞后这一问题，这直接导致我们的相关调研暂时搁浅，课题研究时间由原定的三年延期至五年，因为这个研究本身建立在考察西部省级主流媒体新闻实践的基础上，如果城镇化报道实践尚且未大面积展开，那么研究也就成了空中楼阁与自说自话。可喜的是，从 2016 年起，全国各地的“城镇化报道”实践多了起来，但是相关的理论研究还是寥寥无几。到 2019 年伊始，我们决定把这个课题的各阶段研究心得以论著的形式进行归纳总结，以期为日后的相关研究提供较为充实的参考资料。

本书有六章，城镇化政策概述为本研究的起点，书中介绍的主要政策正在深刻影响着当下中国的面貌。第二章是本课题主持人对四川省级纸媒“城镇化报道”情况所做的一个五年的分析与展望。第三、四、五章是课题组成员对新疆省级纸媒“城镇化报道”展开的专题解析，新疆对于绝大多数中国人来说是个遥远而神秘的地方，通过他们对当地“城镇化报道”展开的七个层面分析，人们可以加深对新疆风土人情、文化与旅游、新疆各地城镇化进程的了解。第六章则从发展传播学的视角出发来分析西部省级媒体“城镇化报道”的情况，这是本书的学理思考与理论创新点。

城镇化是一个宏大命题，相应地，西部省级媒体的“城镇化报道”与西部城镇化建设之间存在的关联作用也是一个复杂而多维度的研究课题，我们作为第一批研究者，只能做一点粗浅的探究工作，期待后续有更多相关研究出现。

第一章

党的十八大以来城镇化主要政策概述

新型“城镇化”是相对于以往的城镇化建设而言的，以往的全国城镇化进程中存在着一些突出的矛盾和问题：第一，大量农业转移人口难以融入城市社会，市民化进程滞后，相应地，城市管理服务水平不高，“城市病”问题日益突出；第二，“土地城镇化”快于人口城镇化，这导致建设用地粗放低效、城镇空间分布和规模结构不合理、与资源环境承载的能力不匹配，同时，对自然历史文化遗产的保护力度不够导致城乡建设缺乏特色，“千镇一面”；第三，城镇建设规划的体制和机制尚不健全，各职能部门缺乏协调联动和统一规划，这些政策思路上的缺失严重阻碍了城镇化建设事业的健康发展。[①]

所谓“新型”城镇化是中央针对以往城镇化过程中出现的一系列问题而推出的城镇化的新型治理思路，核心是以人为本，重在关注农民进入城镇后生活的获得感与幸福感，这种治理思路的转变从十八大以来的各项重要政策表述中清晰可见。本书在此简要地梳理一下。

以习近平同志为核心的党中央高度重视推进以人为核心的新型城镇化。2012 年 11 月，党的十八大报告正式提出：在推进国家经济结构战略性调整中必须以改善需求结构、优化产业结构、促进区域协调发展、推进城镇化为重点，着力解决制约经济持续健康发展的重大结构性问题；科学规划城市群规模和布局，增强中小城市和小城镇产业发展、公共服务、吸纳就业、人口集聚功能。加快改革户籍制度，有序推进农业转移人口市民化，努力实现城镇基本公共服务常住人口全覆盖。[②]

2013 年 7 月，中共中央政治局会议提出：“积极释放有效需求，推

---

①《国家新型城镇化规划（2014—2020 年）》。

②《党的十八大报告（全文）》，http://www.wenming.cn/xxph/sy/xy18d/201211/t20121119_940452_3.shtml.

动居民消费升级，保持合理投资增长，积极稳妥推进以人为核心的新型城镇化，促进房地产市场平稳健康发展。”①

2013 年 12 月，习近平同志在中央城镇化工作会议上发表重要讲话，分析城镇化发展形势，明确了推进城镇化的指导思想、主要目标、基本原则和重点任务。②

该会议是改革开放以来中央召开的第一次城镇化工作会议。会议提出新的“四化”建设——在当代社会里中国要注重使特色新型工业化、信息化、城镇化、农业现代化同步发展，而城镇化正是实现其他三化的必由之路。该会议对全国城镇规划进行了战略布局，这对于全国各省区推动城镇化沿着正确方向发展有着重要的指导作用，同时对于各地统一城镇治理思想、凝聚社会共识也具有重要意义。

会议指出，城镇化是现代化的必由之路。改革开放以来，我国城镇化进程明显加快，取得显著进展。2012 年，城镇人口达到 7.1 亿，城镇化率基本达到世界平均水平。

会议提出了推进城镇化的六个关键问题：

第一，推进农业转移人口市民化。解决好人的问题是推进新型城镇化的关键。目前我国城镇化发展的，主要任务是解决已经转移到城镇就业的农业转移人口落户问题，努力提高农民工融入城镇的素质和能力。要根据城市资源禀赋，发展各具特色的城市产业体系，强化城市间专业化分工协作，增强中小城市产业承接能力，特别是要着力提高服务业比重，增强城市创新能力。全面放开建制镇和小城市落户限制，有序放开中等城市落户限制，合理确定大城市落户条件，严格控制特大城市人口规模。推进农业转移人口向市民化转变要坚持自愿、分类、有序，充分尊重农民意愿，因地制宜制定具体办法，优先解决存量，有序引导增量。

第二，提高城镇建设用地利用效率。要按照守住底线、试点先行的原则稳步推进土地制度改革。

第三，建立多元可持续的资金保障机制。要完善地方税体系，逐步建立地方主体税种，建立财政转移支付同农业转移人口市民化挂钩机制。

---

①《习近平主持中共中央政治局会议 分析研究经济形势》，新华网 http://www.xinhuanet.com/politics/2013-07/30/c_116745232.htm.

②《习近平在中央城镇化工作会议上发表重要讲话》，http://www.xinhuanet.com/photo/2013-12/14/ c_125859827.htm.

第四，优化城镇化布局和形态。我国已经形成京津冀、长三角、珠三角三大城市群，同时要在中西部和东北有条件的地区，依靠市场力量和国家规划引导，逐步发展形成若干城市群，成为带动中西部和东北地区发展的重要增长极，推动国土空间均衡开发。

第五，提高城镇建设水平。在促进城乡一体化发展中，要注意保留村庄原始风貌，慎砍树、不填湖、少拆房，尽可能在原有村庄形态上改善居民生活条件。

第六，加强对城镇化的管理。要加强城镇化宏观管理，制定实施好国家新型城镇化规划，有关部门要加强重大政策统筹协调，各地区也要研究提出符合实际的推进城镇化发展意见。城市规划要保持连续性，不能政府一换届、规划就换届。编制空间规划和城市规划要多听取群众意见、尊重专家意见，形成后要通过立法形式确定下来，使之具有法律权威性。

会议指出，走中国特色、科学发展的新型城镇化道路，核心是以人为本，关键是提升质量，与工业化、信息化、农业现代化同步推进。城镇化是长期的历史进程，要科学有序、积极稳妥地向前推进。新型城镇化要找准着力点，有序推进农村转移人口市民化，深入实施城镇棚户区改造，注重中西部地区城镇化。①自这次中央城镇化工作会议之后，全国各省区市的城镇化工作思路都以此为蓝本和依据。

随后，教育部贯彻中央城镇化工作会议精神提出，在推进城镇化发展中要大力促进教育公平，推动基本教育公共服务均等化；大力发展职业教育、特殊教育、继续教育，加强农民工职业培训和创业培训；保障农民工随迁子女义务教育。②

2013 年中央农村工作会议 12 月 23 日至 24 日在北京举行，会议提出要解决约 1 亿进城常住的农业转移人口落户城镇；约 1 亿人口的城镇棚户区和城中村改造；约 1 亿人口在中西部地区的城镇化。③这次会议提出的约 3 亿人口的城镇化改造思路对于四川省制定适合自身发展的新型城镇化规划（2014—2020 年）起到了重要的参考作用。

---

①《中央城镇化工作会议在北京举行，习近平、李克强作重要讲话，张德江、俞正声、刘云山、王岐山、张高丽出席会议》，http：//news.12371.cn/2013/12/15/ARTI1387057117696375.shtml.

② http：//news.12371.cn/2013/12/18/ARTI1387336470770479.shtml.

③ http：//www.12371.cn/special/2013zyncgzhy.

2014年3月中旬，针对以往城镇化中存在的突出问题，国家新型城镇化规划（2014—2020年）出台了相关整治意见[①]：根据世界城镇化发展普遍规律，我国目前仍处于城镇化率30%~70%的快速发展区间，但如果仍然延续过去传统粗放的城镇化模式，势必会导致产业升级缓慢、资源环境恶化、社会矛盾增多等诸多问题，可能使得我们无法跨越“中等收入陷阱”，这对于我国正在进行的经济转型极为不利，进而会严重影响我国的现代化进程。当今的城镇化必须进入以提升质量为主的转型发展新阶段（即新型城镇化阶段）。我国城镇化是在人口多、资源相对短缺、生态环境比较脆弱、城乡区域发展不平衡的背景下推进的，这决定了我国必须从社会主义初级阶段这个最大实际出发，遵循城镇化发展规律，走中国特色新型城镇化道路。新型城镇化建设一方面要加强制度的顶层设计，一方面又要尊重市场规律，统筹推进人口管理、土地管理、财税金融、城镇住房、行政管理、生态环境等重点领域和关键环节体制机制改革，形成有利于城镇化建设健康推进的制度环境。

国家新型城镇化规划（2014—2020年）为全国各地新型城镇化建设提供了重要的指南，即从本地实际出发，遵循城镇化发展规律，既加强制度层面的顶层设计，又要尊重市场规律，统筹安排城镇建设规划。这个规划出台后，全国各省区相继出台本地的新型城镇化规划（2014—2020年）。

2016年国务院印发了《关于深入推进新型城镇化建设的若干意见》（以下简称《意见》）[②]，再次针对全国城镇化进程中农业转移人口市民化进展缓慢、城镇化质量不高、对扩大内需的主动力作用没有得到充分发挥等问题，在总结了全国各地区推进新型城镇化建设过程中采取的行之有效经验的基础上，提出如下意见：

一、积极推进农业转移人口市民化：加快落实户籍制度改革政策，全面实行居住证制度，推进城镇基本公共服务常住人口全覆盖，加快建立农业转移人口市民化激励机制。

二、全面提升城市功能：加快城镇棚户区、城中村和危房改造，加快城市综合交通网络建设，实施城市地下管网改造工程，推进海绵城市

---

①《国家新型城镇化规划（2014—2020年）》，http：//www.gov.cn/zhengce/2014-03/16/content_2640075.htm.

②《国务院关于深入推进新型城镇化建设的若干意见》，http：//www.gov.cn/zhengce/content/2016-02/06/content_5039947.htm.

建设，推动新型城市建设，提升城市公共服务水平。

三、加快培育中小城市和特色小城镇：提升县城和重点镇基础设施水平，加快拓展特大镇功能，加快特色镇发展，培育发展一批中小城市，加快城市群建设。

四、辐射带动新农村建设：推动基础设施和公共服务向农村延伸，带动农村一二三产业融合发展，带动农村电子商务发展，推进易地扶贫搬迁与新型城镇化结合。

五、完善土地利用机制：规范推进城乡建设用地增减挂钩，建立城镇低效用地再开发激励机制，因地制宜推进低丘缓坡地开发，完善土地经营权和宅基地使用权流转机制。

六、创新投融资机制：深化政府和社会资本合作，加大政府投入力度，强化金融支持。

七、完善城镇住房制度：建立购租并举的城镇住房制度，完善城镇住房保障体系，加快发展专业化住房租赁市场，健全房地产市场调控机制。

八、加快推进新型城镇化综合试点：深化试点内容，扩大试点范围，加大支持力度。

九、健全新型城镇化工作推进机制：强化政策协调，加强监督检查，强化宣传引导。各地区、各部门要广泛宣传推进新型城镇化的新理念、新政策、新举措，及时报道典型经验和做法，强化示范效应，凝聚社会共识，为推进新型城镇化营造良好的社会环境和舆论氛围。

据新华社 2016 年 2 月 23 日报道，习近平同志对深入推进新型城镇化建设做出重要指示强调，新型城镇化建设一定要站在新起点、取得新进展。要坚持以创新、协调、绿色、开放、共享的发展理念为引领，以人的城镇化为核心，更加注重提高户籍人口城镇化率，更加注重城乡基本公共服务均等化，更加注重环境宜居和历史文脉传承，更加注重提升人民群众获得感和幸福感。①

2016 年对于全国的新型城镇化建设来说是一个重要的时间节点，虽然新型城镇化建设依然会面临许多积重难返的问题，但是全国各地也在摸石头过河中积累了若干成功经验，这些经验值得在全国进行推广示

①《习近平对深入推进新型城镇化建设做出重要指示》，http://cpc.people.com.cn/n1/2016/0223/c64094-28144233.html.

范。这些先进经验的推广示范以及先进理念的普及等都需要在全国各地进行广泛深入的传播，而这正是新闻传媒的优势所在。新闻传媒（尤其是各省区的主流媒体）擅长向各地区、各部门广泛宣传推进新型城镇化的新理念、新政策和新举措，也善于在实际工作中发现典型经验和做法并及时进行报道，通过强化示范效应去凝聚社会共识，进而为推进新型城镇化营造良好的社会舆论环境。

由《意见》的最后一条可以看出中央已经开始重视“城镇化报道”在经验推广、凝聚社会共识、营造良好舆论氛围方面的作用。从课题组的调研情况来看，也正好是在 2016 年，媒体上的“城镇化报道”开始多了起来。也正是从 2016 年 3 月开始，媒体上关于“环境宜居和历史文脉传承”“人民群众获得感和幸福感”的城镇化报道开始增多，而这些报道更能有效促进社会共识的凝聚。

2017 年 10 月，党的十九大报告指出，“以城市群为主体构建大中小城市和小城镇协调发展的城镇格局，加快农业转移人口市民化”。[①]这为新时代我国推进新型城镇化建设进一步厘清了发展思路。因而，从十九大召开之后，本课题组也注意到新疆和四川两省区的省级媒体都开始关注城市群的报道，新疆省级媒体关注的是以乌鲁木齐为首的天生北坡城市群[②]经济与社会发展动态，而四川省级媒体关注的则是以成都为核心的若干城市群以及成渝两大城市群发展的多方图景。

---

① 《习近平：决胜全面建成小康社会 夺取新时代中国特色社会主义伟大胜利——在中国共产党第十九次全国代表大会上的报告》，http://www.12371.cn/2017/10/27/ARTI1509103656574313.shtml.

② 受地理和生态制约，整个新疆目前能够形成城市群的，只有天山北坡区域。相对来说，这也是目前新疆经济、工业、产业基础最好的地方。参考《天山北坡城市群：乌鲁木齐引领西部发展潜力巨大》，https://www.sohu.com/a/312312889_132983.

第二章

四川省级纸媒“城镇化报道”（2013—2018）所呈现的图景

美国学者乔治·格伯纳通过研究发现习惯于在黄金时段看电视的人会被逐渐培养出与电视节目传播的观点相似的看待社会现实的态度，长期收看电视节目的观众会相信真实的世界就是媒介所呈现的样子。这个研究发现说明媒体对受众态度的改变起了重要的“培养”作用，这种培养是渐进的和累积的传播效果所致。媒介信息在不经意间施加着影响，直接导致人们对真实世界态度和信念发生变化，而态度发生变化很可能导致行为也发生变化。这个培养理论后来被多方证明适用于各种大众传播媒介，自然也适用于纸媒。在城镇化建设中，省级主流纸媒的相关报道可以为读者构建一个个“图景”。在“城镇化报道”所呈现的图景中，人们会逐渐地接受城镇化理念和城镇化生活方式的转变。

在下文中，笔者将从《四川日报》和《华西都市报》的报道分析中探寻其“城镇化报道”（2013—2018）呈现了哪些图景。

第一节 《四川日报》如何阐释“城镇化规划”理念

在2013年底中央城镇化工作会议提出要推进“以人为本”的新型城镇化思想后，四川省委、省政府、省住建厅、省发改委等都在考虑新型城镇化理念该如何落实下去。这势必要涉及四川城镇化进程中最需解决的问题有哪些，以及如何针对这些存在的突出问题提出行之有效的解决方案。分析四川城镇化进程中面临的突出问题并给出相应的解决方案，立足于四川省实际情况与困难，制定出符合四川特点的省级城镇规划，

《四川省新型城镇化规划（2014—2020）》就是这样出台的。[①]而这个规划中所渗透的理念如何传播给四川省公众，这就需要省级党报《四川日报》的权威解读。笔者梳理了《四川日报》2013 年底至 2016 上半年的相关城镇化报道，发现这一时期报道的中心思想集中在传播四川省城镇规划的理念，而这些报道所传播的理念归纳如下：

四川省辖区面积 48.6 万平方千米，除成都平原外，绝大部分地区属于山地和丘陵。这些地区交通不便，信息闭塞，经济发展滞后，相对于东部沿海省份和中部平原省份而言，四川省面临的城镇化进程困难较大，显然不能和东中部省份采取相似的路径。[②]

《四川省新型城镇化规划（2014—2020）》制定了全省城镇发展格局，将四川全域分为川南、川北、川东、川西四大城市群，将成都作为特大城市辐射引领周边大中小城市和小城镇协调发展，努力提高吸纳农业转移人口的能力，坚持走就地就近城镇化的新路。[③]

经过实事求是的考量，四川省决定在“腰部发力”——将小城镇作为推进城镇化的抓手，因为小城镇对于周边的农村具有经济、文化上的辐射和引领作用，在不用大量转移农业人口的背景下，将城镇化建设的重点放在实现农民的非农就业和基本公共服务均等化方面，这个目标就靠建设四川省星罗棋布的千百个小城镇来完成。[④]而发展小城镇同样需要有相关产业才能吸纳就业，在这些地方大规模地发展工业显然不可能，最可能的就是两条途径发展产业：一是让当地传统手工业走入市场，转化为产业，由各级政府牵头搞“公司加农户”；二是打造各种特色旅游小镇，以这些小镇的历史文化资源、特殊自然资源或者观光农业等为特色来大力发展服务产业。通过上述两种方式能最大限度地就近就地容纳农业转移人口，让当地农民在家门口就能有工作、有非农产业收入。[⑤]

---

① 《新型城镇化四川“蓝图”出炉记》《四川日报》2015 年 5 月 5 日。

② 《百镇建设丨城镇化的“第三条路” 小镇建设 N 个猜想》,《四川日报》2016 年 6 月 14 日。

③ 《如何实现“人的城镇化”——〈四川省新型城镇化规划（2014—2020 年）〉展读》,《四川日报》2015 年 3 月 26 日。

④ 《百镇建设丨城镇化的“第三条路” 小镇建设 N 个猜想》,《四川日报》2016 年 6 月 14 日。

⑤ 《如何实现“人的城镇化”——〈四川省新型城镇化规划（2014—2020 年）〉展读》,《四川日报》2015 年 3 月 26 日。

事实证明，四川省推行的“就地就近”城镇化的做法对西部很多省份都有借鉴作用，因为西部各省城镇化面临的共同问题都是城镇化起步晚、基础设施和公共服务设施水平低、人居环境亟待改善、城镇规模偏小等劣势严重制约了产业发展和人口集聚。

《四川日报》所面对的读者群体一般是机关干部和知识分子，而这些读者正是城镇化建设中需要首先被影响的人群。如果他们在相当长一段时间内持续地接受《四川日报》所勾勒的城镇化图景，那么社会共识就会逐渐在当地上述人群中形成，进而他们还可能影响带动社会其他人群。

第二节 《华西都市报》的城镇化解读

作为在四川全省颇有影响力的市民报纸，《华西都市报》的城镇化报道主要聚焦于解读城镇化建设的经验、理念。

2013 年 11 月 19 日，在中国改革开放 35 周年之际，《华西都市报》以及其传媒集群推出了大型系列报道 ——《改革，向着梦想之城——中国城镇化发展报告》[①]。这是一次相当有前瞻性的报道战役，对于年底召开的中央城镇化工作会议而言是一次极好的四川当地的思想动员。

该系列报道第一阶段的宗旨在于通过采访全国城镇化建设的先进经验来为四川面临的新型城镇化建设提供参考：“城市让生活更美好。在城市发展与现代文明交相辉映的今天，城市与农村，产业发展与环境保护，人与自然，人与城市……诸多关系交织在一起，我们在改革与推进城镇化进程中，究竟应该如何处理这些关系，让各种资源的配置达到最优化？11 月 18 日起，我们推出了《改革，向着梦想之城——中国城镇化发展报告》大型系列报道。在这一系列报道中，我们先后走进珠三角、长三角、京津唐等区域，倾听城镇化发展改革的探索与挑战。虽然各地发展路径、未来方向都不尽相同，但正是这种多样性，共同组成了中国城镇化发展的全景图，给了我们很多启发和思考。”

这组大型系列报道从 2013 年 12 月 4 日起开始聚焦于四川的城镇化发展，提出：“当前，四川正处在工业化、城镇化双加速时期，推进新

① 《华西都市报》2013 年 12 月 4 日。

型城镇化的六项重点工作和五项改革今年也正式明确。在多点多极支撑发展战略的指引下，四川的城镇化发展呈现出怎样的群体特性？将如何走出一条形态适宜、产城融合、城乡一体、集约高效的新型城镇化道路？全面深化改革所释放的红利，将在哪些方面助推四川城镇化进程？”“35年间，四川城镇化率已由1978年的8.5%增至40%以上。不断崛起的城市群落，日益繁荣的城市经济，加速改善的城市生活……城镇化发展为四川带来了经济繁荣的强大动力。在十八届三中全会开启改革大幕后，四川新型城镇化将上演怎样的精彩？这场新的发展机遇，将如何影响我们身边的每一个城市、每一个人的命运？”

《华西都市报》在提出上述问题后，就要设法给出答案：“可以预见的是，从今天起推出的《四川城镇化发展报告》将综合实地走访、数据分析、专家点评、读者互动等多种方式，以小切口反映大背景，全面地思考四川城镇化发展的现在与未来……今日起，……推出‘四川城镇化发展报告’大型采访活动，派出10路记者分赴成都、川南、攀西、川东北、川西北“五大经济区，深度寻访‘哪个城市是四川加快推进新型城镇化的典型案例？哪些先行举措为川人营造了最美家园？’”

这组系列报道并非自说自话，还留出让读者参与互动的机会：“聚焦镜头即日开启，欢迎您来参与华西传媒集群互动，推荐、力挺家乡！”

时至今日，回头看上述系列报道，笔者依然认为该组报道成功地为四川即将展开的新型城镇化建设提供了可贵的前瞻性建议，同时又为广泛凝聚社会共识做了前期铺垫工作。

同一时期，《华西都市报》又推出《解读中国城镇化30年》，请城镇化研究专家——北师大新兴市场研究院院长胡必亮教授谈他的研究经历：“我把改革开放以来中国的城镇化研究过程分为四个阶段，并按照不同阶段所关注的重点内容总结为八个字：规模、机制、区域、新型。”①

等中央城镇工作会议召开后，《华西都市报》又推出《新型城镇化就应该找回失落的乡愁》，专门解读中央会议精神：“此次会议对于城镇化建设的定调，当是对过去城镇化建设思路的顶层纠偏。当然，在执行层面，仍需要通过官员考核方式的改变，相关城市管理体制，以及土地制度，户籍制度等

① 《解读中国城镇化30年》，《华西都市报》2013年12月3日。

的变革，谋求合力，真正让城市化发展建基于‘让生活更美好’，让乡愁有所依。”①

待四川省的城镇化建设思路逐渐清晰后，《华西都市报》又推出了向市民解读“就地就近”城镇化政策益处的报道。②

作为面向四川省广大市民（包括转化为市民的农业转移人口）的都市报纸，《华西都市报》在解读城镇化的政策、理念、经验的过程中，能逐渐构建出四川省城镇化建设的图景，而广大读者在这个潜移默化的接收信息的过程中会逐渐接受城镇化各种理念，进而凝聚起社会共识。

小　结

本章以《四川日报》和《华西都市报》为典型个案来分析四川城镇化建设与媒体的关联作用。无论是面向四川省内党政机关干部和知识分子的《四川日报》还是面向广大市民的《华西都市报》，都通过各自的“城镇化报道”从不同侧面告知或解读着四川省新型城镇化建设、发展的新动态与新格局，并持续地建构着相关的图景与愿景，在媒体这种润物细无声的长期传播影响下，社会各界会逐渐对省内的城镇化建设形成共识，进而更有利于四川省城镇化建设工作的推进。

① 朱永华：《新型城镇化就应该找回失落的乡愁》，《华西都市报》2013年12月16日。

② 《“就地就近”城镇化 回乡创业尝甜头》，《华西都市报》2016年8月24日。

第三章

新疆“城镇化报道”研究专题——全媒体时代旅游视角下的新疆“城镇化报道”

新疆作为西北边疆和丝绸之路经济带的核心区，其城镇化建设既关系到当地的民生与经济发展，还关系到边疆的长治久安、边贸往来的便捷。新疆的“城镇化报道”既要反映新疆新型城镇化建设的进程，又要对新疆城镇形象的构建起到一定的推介作用。

第一节　“融媒体”展示下的新疆“城镇化报道”与旅游新闻对接

在经历多年的新型城镇化建设之后，新疆省级主流媒体在经历了经验积累、文本精构、视野寻向等不同层面的探索之后，实际上已经逐渐脱离了前期趋同、单调的报道模式和报道形式，朝“融媒体”转型。

这种转型并非只关涉新疆新“城镇化报道”的一个方面，本次具有巨大规模和本质变化的文化转型发生的根本原因，是“融媒体”作为社会的新型媒介，已经深刻影响到了社会的各个层面，影响到了媒体生态的基本格局。我们对“融媒体”的认识、运用以及相关平台建设都在不断深化，尤其是最近几年，在权威部门的大力推动下，“融媒体”对文化建设和传播交流的内在驱动逐渐形成。这种影响在新型城镇化建设报道方面有所体现，更为具体。

可以这样说，传统媒体关注的新疆新型城镇化建设，主要是从宏观规划、战略构想、蓝图变为真切的现实以及天山南北各有特色的新型城镇化建设这些方面展开的，形成了主题报道的重点规模和亮点效应。从

2014 年全面启动的新型城镇化建设的新闻报道，开始尝试从“新型城镇化建设”理念的普及和阐释不断向典型事件的报道深化，扩展社会影响力。并在 2017 年至 2018 年通过“融媒体”手段的演绎形成了媒体创造的“奇观”。“融媒体”作为一种新兴的媒介综合叙述方式，对新型城镇化建设的观察和宣传，形成了突出的互动特点和视觉冲击，也形成了新的新闻言说方式和审美文化效应。

随着新疆新型城镇化建设的成果不断呈现，新闻报道的素材也大大丰富和拓宽，新闻现场也呈现了别具特色的奇观效应，城市与人良性互动呈现的生活状态，都在填充新疆新型城镇化建设的新闻报道内容。最近几年，新疆旅游业长足发展，尤其是在 2018 年“实施旅游兴疆战略”的推出，新疆旅游业发生了质的飞跃，从另一个方面也在“验收”新疆新型城镇化多年的建设和乡村振兴的实绩。城镇化建设带动了空间的改造和美化，带动了城乡互动，推动了人与自然环境的良性关系，旅游业正是对这一变化的“晴雨表”，通过优游和审美，通过消费和交流，强化跨时空的文化探寻，对促进文化认同有巨大的推动。

可以这样说，“融媒体”对新型城镇化建设的关注，对旅游业与新型城镇化建设的结合，推动着政治经济文化上的接合和连接，对于新疆主流媒体而言，这无疑是一个新的机遇和新的资源，也就是说，从内容和渠道两个方面，打开了新“城镇化报道”的新局面。

一、主流媒体呈现的内容

最近主流媒体呈现的内容，有两个关键的意象值得关注：一个是荒滩长出稻田，一个是灯光点靓楼群。前者是新疆乡村振兴的标识，《喜大普奔！袁隆平在新疆岳普湖盐碱地试种海水稻喜获丰收》获得全国主流媒体的关注，在新媒体平台的关注度也创新高。后者是新疆新型城镇化的新意象，央视新闻频道《东方时空》节目直播了《最美的告白，乌鲁木齐国庆主题灯光秀》，引起了全国的关注。

随着多年的探索，新疆新型城镇化建设已经进入特色和风格建设的阶段，这个阶段于新疆主流媒体而言，无疑是积极信号。

新型城镇化不是千城一面，只有高楼大厦、柏油马路，也不是单调的模仿和照搬，把国内大城市的规划或国际大都市的图纸挪到新疆地面。新疆的新型城镇化是因地制宜的实践，对此，《新疆日报》在多篇有关城镇化建设的社评或文章中涉及这个问题，《都市消费晨报》也在8篇社评或专家访谈中，涉及城市特点和城市风格建设的问题。

其中《新疆日报》2017年10月22日在A03版刊发《城镇化率数字折射巨大经济增长潜力》聚焦新型城镇化与经济活力之间的紧密关联，并在2017年9月9日A10版刊发 《新型城镇化应围绕“人”做文章》重申了核心话题：“让居于城镇中的人生活得更美好，是城镇建设、发展、治理的追求所在。”

随着这个概念的提出，什么是新疆城市的特色和风格、新疆城镇化建设依托哪些元素呈现这些特色和风格成为重要的问题。

一个城市的特色是什么，它的风格是什么，这是一个很难一言以蔽之的事情，城市是多面的，对城市的认知也会是多向的。然而城市的建设者、城市的规划者、城市的生活者会用自己的实践来对变化的城市风格和特色进行创造和定型。

这种行为也不是永恒的，可能是变化的，可能是累积和传承的。新疆的城市特色就属于这样的情况。新疆主流媒体观察到这样的趋势，从而形成了城镇化建设的新视角。

首先，时代特色。“融媒体”的记忆，已经不再是单纯以文字或图像、以传统的方式记录时代的变迁，它把时代的课题和时代的特色用最新的“融媒体”方式呈现。“融媒体”需要关照的是时代深层次的变化，也用“融媒体”的话语方式来表达。这是一个创新的话语方式，和新型城镇化建设一样，是“新”作为文化肌理的文化探索。

新型城镇化建设是新时代的课题，它和楼房、柏油路、自来水这样的城市化表征有一致的一面，也有不同的内容，这个内容就是时代的新课题：城市与环境的关系，城市与可持续发展的关系，城市和人的发展的问题，等等。雾霾不代表城市的现代化，“蓝天”也可以是城市的新面貌。所以，在“实施旅游兴疆战略”的指导下，城市靓化、乡镇美化、环境优化是新型城镇化空间改造的课题，也是媒体反映最多的内容。比如《新疆日报》2018年4月6日A02版刊发的《让靓化示范街颜值更高》就指出：“2017年乌鲁木齐市天山区实施靓化工程以来，一街一景致、一步一景观，充满老城复古气息却又不失时尚元素的光明路、建设路、文艺路、民主路、人民电影院周边等靓化街区受到好评。”《都市消费晨报》新媒体中心、天山网、亚心网都就乌鲁木齐市靓化推出了优质的“融媒体”产品。

时代的进步，从新型城镇化建设的进程中就能充分体现出来。一个城市的秩序、风貌、特点，都是在时空的框架中寻求自己的坐标。这里涉及的就是理念的改变，城市现代化不能再以牺牲环境为代价，不能以城市内部建设的无序为常态，也不能以依靠无限扩容撑大骨骼为体量，城市的特色在理性规划和知性发展中寻求平衡点。

其次，地域特色。“融媒体”是开放的媒体方式，也可以说是通过网络连接保证了信息传递的世界性和全球性，所以，融媒体产品拆除了地域的藩篱，但保留着地域的特色。因为，地域特色是文化特色的根基之一，是文化魅力和文化创新的保证。地域是一种空间性的表述，地域特色是一种空间性文化的特色。“融媒体”不是揉碎这种特色，相反是放大这种特色，保证百花齐放的特色。

新型城镇化建设依托特定的地域，因而形成显著的地域特色。地域集合着地理风貌、地形特征、特色物产和风土人情。

最近几年，新疆主流媒体对喀什老城区的改造报道非常用心。《新疆日报》在 2014 年 12 月 23 日刊发《 城镇化建设让生活更美好》强调，规划先行把脉城市发展，规划引领城市未来，认为“新型城镇化拒绝千城一面。今年，自治区还强化对布尔津县、铁门关市和博乐市等城市特色风貌规划设计与指导，组织开展了库尔勒、喀什、伊宁、昌吉和乌鲁木齐市等自治区重点城市重点地段城市特色风貌和城市设计试点工作”。城市的特色风貌，放到城市规划的重要地位。

喀什老城，具有长期历史积淀，形成特有的城市风貌，在全国都是独树一帜的。2014 年 7 月 31 日《新疆日报》刊发《新疆喀什老城改造：打造引领全球的样板工程》，文中指出，“改造之后老城的人们生活依旧，手工作坊依然叮叮当当，土织布机依然嗡嗡转动，土碗陶罐仍有市场，民间艺人依然在街头弹唱。改造后的老城区，无论从街道文化、景观来说，还是从居民从事的产业、作坊来看，可谓一路一产业，一路一景观，一路一特色，路随景移，移步移景。”城市获得新生，但韵味被传承下来了，风情和风貌没有变化。这就是新型城镇化的文化魅力。

对喀什老城改造的报道，新疆主流媒体从不同视角来呈现这种变化，体现出了人文意识和格局意识，老城改造非但没有抽空躯壳，反而赓续文化的脉络。也因如此，以喀什老城为代表的特色旅游成为新疆旅游的一张重要名牌，以喀什为主轴，带动了整个南疆旅游大发展。这种发展和地域特色的彰显形成良性循环。《新疆日报》在 2018 年 7 月 21 日 A02 版刊发《喀什古城居民吃上“旅游饭”》，生动描述了为让更多的喀什古城居民吃上吃好“旅游饭”，2018 年，喀什市打造了 15 条特色旅游街巷，仅全长 600 米的阿热亚路旅游商品一条街，就吸引了 70 多家商铺落户。《都市消费晨报》也在跟进聚焦喀什老城区改造成果，讲述喀什这座名城通过旅游焕发出的勃勃生机，仅“融媒体”产品就达 50 多件。

最后，功能特色。“融媒体”的“融”字就是一种文化功能。融，不是排斥，也不是限制，而是一种“化”的状态，是保证文化元素的有机结合，保证优质资源的系统整合。也因如此，“融媒体”关注的新型城镇化建设本身，就是一种融合文化的体现，因为，新型城镇化建设也是一个全新的“融”的过程。

城市特色是一个探寻的过程，也是一个熔冶政治经济文化多方面因素的建设过程。所以，一个城市，从街道到区域，从标示性景观到日常的生活社区，都是空间和时间之间的文化交集和美学建构。所以，城市是一个“功能”集合体，通过不同的社会功能生发不同的社会价值。

在新型城镇化建设中，城市的使命、城市的定位、城市的功能赋予，都是一个重要的命题。主流媒体对此的报道，现在来看，还没有完全展开，这和媒体对城市不同区域的功能的认知模糊有关系。但随着时代的进步，城市功能所承载的价值也会有所改观。

乌鲁木齐市 2018 年推出的“新疆大巴扎步行街”景观，随着大巴扎夜市开业立即成为媒体的焦点。在公众眼里，步行街和大巴扎是一个融城市奇观、特色服务、文化交流、旅游景点为一体的“功能集”。对大巴扎步行街开业的报道，对新疆媒体而言是喜讯。《新疆日报》用了多篇新闻给予关注，2018 年 8 月 20 日刊发的《新疆国际大巴扎步行街每天迎来超 10 万人次国内外游客》，清晰地介绍：“自今年 3 月乌鲁木齐市开展靓化工程以来，新疆国际大巴扎景区全面升级，以民族特色风情为主题，打造了一条长约 800 米的步行街。8 月 15 日，步行街全新亮相以来，每天迎来超 10 万人次的国内外游客。”8 月 24 日刊发的《逛巴扎、走亲戚、送温暖……这个节过得可真热闹！》表达了欢快的心情。

《都市消费晨报》围绕这一新闻，前后采用“融媒体”手段推出 30 多条新闻和新媒体产品，细致介绍乌鲁木齐市新疆国际大巴扎和大巴扎步行街夜市的火爆。其中，2018 年 9 月 2 日报道的《大巴扎步行街“馕博物馆”开业 100 余种馕让你开眼界》，8 月 20 日报道的《乌鲁木齐大巴扎步行街周边设有六处停车场》，秉承服务读者的一贯作风。

城市有了特色，有了风格，旅游的触角就会延伸到那里去，这是一个不容忽视的经验。而在这期间，新疆媒体已经高度重视城市特色形成的内外因素，更加关注城市风格呈现对新疆的风貌、新疆的形象、新疆的旅游带来的积极作用。

二、城镇化报道中的旅游元素

美国学者凯文·林奇在《城市意象》一书中强调“城市中移动的元素，尤其是人类及其活动，与静止的物质元素是同等重要的”，并指出，“通常我们对城市的理解并不是固定不变的，而是与其他一些相关事物混杂在一起形成的，部分的、片段的印象。在城市中每一个感官都会产生反应，综合之后就成为印象”。

旅游是对一个地方、一个场域、一个文化空间的亲历，是对这个城市的文化、这个特色空间的体验。所以，对新型城镇化建设的新闻报道，不是对楼群矗立的陌生化处理，也不是简单地对奇异景观的惊艳接受，更不是城乡身份转换的感叹。新闻的触角，需要同新型城镇化建设中的城市意象和城市记忆连接在一起。

旅游，就是这样的一种文化记忆的问答。一次游历，如果没有什么感触或收获，那么这是一次失败的游历，这不是游客的失败，而是这个旅游地、这个城市的失败，是城市意象和城市记忆重组的失败。因为，旅游是负载期望和需要的亲历、一种释放性的探寻。在这倏忽即逝的“流动”中，城市景观、城市服务、城市态度、城市温度都可能是在瞬间接受、激发一种特殊的情感和认可。新型城镇化建设的空间就是基于这样的需要建构城市意象的。

在《城市意象》一书中，城市意象包括的元素有道路、边界、区域、节点、标志物以及元素的相互关系。新型城镇化建设的新闻报道就是揭示这一过程中城市意象的产生和变化、城市意象的价值和意义。

（1）枢纽：服务的升级。“融媒体”关注的往往是新闻的“关节”和“关键”，这一点和传统媒体并无二致。而关键的新闻和关节点的新闻事实，通过融媒体的传播，呈现出一个事实的多种样貌。最妙的就是这种多种样貌的新媒体生态，可以看到主题总揆之下，不同形式对同一主题的不同反映。主题的“容量”会不会发生变化，这是一个新的课题。

天山南北的新型城镇化和乡村振兴，是一个藤上的两个瓜，难分彼此。新型城镇化和乡村振兴又像是一个门框两扇门板，相互作用。所以，对这辽阔疆域上的发展和进步，媒体更关注“安居乐业”的近况。因为新型城镇化建设的推进，舞台变得更广阔，人的主动性和能动性更强，所以，新疆的旅游产业才得以在一个有序的、稳定的、有无穷潜力的平台上演绎一出好戏。

从新疆融媒体聚焦的“厕所革命”，到城市交通设施的不断完善，再到每个地方的特色旅游都能看到一个变化：服务意识的强化、服务品质的升级。

如果说，新型城镇化建设是“硬件与软件的交响乐”，到今天，服务意识作为现代文化的重要部分已经开始被广泛接受。从新疆主流媒体的关注中，衣食住行都成为新疆地方的服务水平的见证，也是不少城市的文化意象。

馕，作为一个文化意象，深入每个游客记忆中，比如由新疆互联网信息办公室联合自治区旅游发展委员会主办，《新疆经济报》新媒体中心、亚心网承办，在 8 月 21 日“云游新疆”系列推出的《小油馕、牛奶馕、造型馕……新疆馕触网跃上大舞台》，生动讲述了馕和新疆旅游、新疆品牌、新疆文化意象之间的关联。

手鼓和特色乐器，作为一种欢悦心情的象征，成为驱散城市喧嚣的节奏。棉田、胡杨林、特色民宿也在渐渐成为新疆的文化意象和标示性符号。比如“云游新疆”8 月 21 日推出《人文自然相融 零距离体验新疆现代民宿》，9 月 28 日推出《行走看变化 新疆特色小镇展现新面貌》，9 月 23 日推出《酒庄旅游散发醇香 诠释别样新疆味道》，等等，都能成为特殊的文化意象。而最重要的是人，“相见欢”的人，成为城市的记忆。比如 9 月 7 日，“云游新疆”推出的《体验新疆民俗 八方游客沉醉》，9 月 10 日的《文化游对话历史 倾听丝路声音》，9 月 13 日 的《旅游文化演艺盛宴惊艳你的新疆旅程》。这也就是歌曲《成都》言说的内涵，情愫可以来自景色，但最终定型在人身上。

（2）区域：家园的样貌。“融媒体”需要有新的言说方式，这是对传统媒体的一次超越。当然，超越传统或者打破传统是很难的课题。很多时候，传统的思维还在缠绕着融媒体的文化创作；很多时候，新媒体的作品不新不旧，所以，“融媒体”，不是一个单纯的技术性的媒体形式，它需要新的文化追求、新的情感表达方式，需要对新的空间建设有新的信息表述。

新型城镇化建设无疑具有“以旧换新”的空间改造，棚户区的改造就是这样的一个主题。家园，是一个城市意象的重要元素；家园，不仅仅是物质的，也是精神的。城市规划是家园建设的“意象营造者”，所以，在新型城镇化建设中，“工程建设”是一个不容回避的话题，也是一个家园向另一个家园置换的话题。《新疆日报》在2018年10月14日A02版刊发的《一座宜居宜业的产业新城——阿克苏纺织工业城（开发区）见闻》就生动揭示了这样的变化。“阿克苏历史上就是古丝绸之路上的重镇，现在更是丝绸之路经济带核心区南线中段的重要节点。同时，阿克苏地区是国家优质商品棉基地，年产原棉近80万吨，占全国的1/9、新疆的1/3，长绒棉产量更是占全国93%以上，被誉为‘中国长绒棉之乡’。”“随着国家‘一带一路’建设的深入实施和自治区发展纺织服装产业促进百万人就业计划推进，阿克苏借势发力，加快以纺织工业城为核心的纺织服装产业集群发展，逐步形成了纺纱、印染、织布、家纺、服装全产业链。”功能升级，城市定位升级，一个宜居宜业的城市，它的城市意象就会发生崭新的变化。一个家园的精神实质也会发生变化。

乌鲁木齐市建设地铁的过程呈现了最近几年城市容貌改观的突出特点，和此前“田字路”建设不同，这次升级改造带来的是街道、区域、节点、景观标志物的大格局置换。最有历史意义的就是乌鲁木齐市南门地下街历史功能的结束。

南门地下街，是改革开放的产物，有着乌鲁木齐市人特有的生活记忆。那里是小商品的销售地，也是每个时代流行元素的展板。南门地下街的关闭在2015年，通过《再见！乌鲁木齐市南门地下街》等多篇报道被人民网、新疆网、乌鲁木齐在线等媒体关注。家园，维系的是情感，是精神的寄托，因此在革故鼎新的过程中，废墟意味着涅槃，脚手架代表着升级。

（3）快乐：人文的体验。“融媒体”是一种全新的体验，是互动性的体验。我们之所以强调互动，就是想强调，传统媒体的短板，就在于互动。没有互动，或者短于互动，那么，就很容易造成“不互动”带来的“停滞和停顿”。“融媒体”强化互动，强化互动中的体验，就是在发挥这种媒体优势。

城市宜居是新型城镇化建设的一个指标。环境优美，设施健全，格局有序，管理完善，最终的目的就是人乐意在这里生活。新型城镇化建设其实也是一个人文理念的建设，也是人文精神的体验。2018年国庆节期间，乌鲁木齐市举行了一次灯光秀活动，《新疆日报》以通版图片来报道这一盛况，央视也做了电视直播，《都市消费晨报》新媒体中心利用新媒体手段，以《“我爱你中国”灯光秀 新疆靓了红山“红”了》为题进行了直播，分别展现了乌鲁木齐地标性景点红山和国际大巴扎的灯光秀情况及乌鲁木齐国庆节日氛围，取得了超过 40 万人次的播放量。同时，手机新闻客户端、微博、微信公众号、报纸同时对这一景观给予了报道。灯光秀对于乌鲁木齐市乃至新疆而言，是一次文化探寻，更是一次人文体验。地点选择在红山这一标志性的地方，以“我爱你，祖国”为主题，多彩的灯光，璀璨的律动，身临其境的艺术性，情感交互形成的想象力，现实与梦境的连接，吸引了数十万市民观看，“融媒体”播报有上亿网民关注。

而2019年新疆多地举办天马节、山花节、葡萄节、红枣节、赛马节都是以“融媒体”手段报道，获得了上亿网民的关注。新的地域风貌、新的城市文化，通过旅游亲历、网络关注、社会聚焦扩大了它的文化影响力。这种人文体验，是一种通过审美和求真的双重文化诉求实现的。

三、“融媒体”开启多维视角

“融媒体”视角是一个多维视角，对新型城镇化建设的报道和反映，开启了一个新的课题。

以往，传统媒体在有限的空间里呈现新型城镇化的成就，或多或少会顾此失彼，在宏观把握和微观探究方面很难兼顾。这一点，在新疆主流报纸上反映得比较明显。在多年的新型城镇化建设报道中，也或多或少出现了三种倾向。

首先是没有把新型城镇化的精髓吃透，媒体报道容易把新型城镇化“稀释”成为城市化，盖高楼、大工程、城市扩容成为新闻报道的主要方面，而忽视新型城镇化是一种更高要求、更高标准的城镇化，城市与人的深刻关系、与自然环境的关系、与经济发展的内在联系也在传统的认识基础上发生了重大转向。一些新型城镇化建设报道多见工程少见人，有的报道就没有人。把丰富的新型城镇化建设简单化，不少新闻接近“工程日报”，“工程简报”“工作简报”。

其次，从现在可以收集到的资料看，前些年，新型城镇化建设报道主要是政策释义，是对规划图纸的讲解，记者深入现场的意愿不强烈，全局式和全景式的报道概括了新疆新型城镇化建设的进程，不具有典型性，不够鲜活，亮点不多，和新疆的乡村振兴相关报道相比有一定差距。这也说明一个问题，媒体报道本身还没有转型，还没有完全“新型城镇化”。

最后，新疆各地的新型城镇化建设本来就是丰富多彩的，各有特点。由于媒体整体缺乏对城市之美、城镇之美的发现，导致新闻报道的聚焦总是在几个城市、几个街区、几个项目上，对新疆新型城镇化建设中的特色和风格整体把握不足。主题雷同、话语贫乏、视角单一，这导致在一段时间里，很多新型城镇化建设新闻是趋同的。

随着新型城镇化建设的推进，相关新闻报道也开始关注城镇的特色和城市的风格，从而希望从根本上来解决新闻报道中简单化、图纸化、趋同化的瓶颈问题。

而到了“融媒体”参与新闻报道的时候，新型城镇化报道焕然一新。

首先，“融媒体”发挥了良好的视角切换。我们说“融媒体”视角，其实并非融媒体“只有一只眼睛”，恰恰相反，“融媒体”是多视角来观察新闻。由新疆互联网信息办公室联合自治区旅游发展委员会主办，《都市消费晨报》新媒体中心、亚心网承办推出的“云游新疆”系列报道，从 2018 年 8 月 1 日至，该报道总浏览量超过 2 亿人次，刊发了36 篇重磅“融媒体”产品。我们可以看到，关注新疆旅游，不但需要宏观视角，需要现场的远观近视，还需要游客视角、景区管理方的视角。视角的切换是多维的，叙述和言说的方位也是多样的，这样更加保证了文本的可信和高品质，保证文本的说服力。

视角切换，也反映在网络直播方面。新型城镇化建设得好不好，一张图就能看清楚。但网络直播通过游动的视角、会飞的眼睛让受众身临其境，既可以看到城镇的全景，又能看到城市的细部。《都市消费晨报》新媒体中心在这方面走在了前面。2017 年《都市消费晨报》试水网络直播，自 2018 年 3 月至 9 月，相关部门已独立制作、发布各类视频 400 余条，平均每月 66 条；从年初至今，主导及配合开展各类直播 119 场次。据不完全统计，直播总播放量超过 1.1 亿人次，其中单场直播最高播放量超过 7800 万人次。该部门于 6 月 18 日开通的抖音账号到目前已发布微视频 97 条，总播放量超过 6389 万人次，总点赞量 240 万人次。其中关于新疆风貌、城市发展、特色文化的就占将近一半。

"融媒体"视角让我们不再管中豹窥，而是统观新闻现场、统观新闻事实，审美和求真的媒体功能更加健全。

其次，"融媒体"强化了文化连接功能。新型城镇化建设的新闻报道在当前的情况下，越来越凸显其结构性和平台性的作用，它更像是空间本身，有了这个空间，旅游、文化、经济、社会管理等方面的内容都能容纳其中。文化主题之间没有明显的区隔和界限，相反，由于新型城镇化建设和相关报道的推进，不同文化之间的连接度更加紧密，相得益彰。比如，关于乡村振兴的新闻报道，关于民族团结的新闻报道，都在新型城镇化建设过程中，记录着人与人之间的关系。尤其是农牧民的身份转换成市民，有的当上了产业工人，有的吃上了"旅游饭"，这样的新闻，新疆各大媒体报道得很多。在最近的阿克苏柯柯牙绿化工程报道中，我们看到了多个文化的身影，一个主题、一个故事，阐述了多层次的文化精神和文化内涵。阿克苏，作为一个南疆城市，如何在恶劣的自然环境中矗立，这是一个新疆面临的老问题，但通过"融媒体"的讲述和演绎，我们开掘出了更多文化内涵，"融媒体"打通了文化互融的管道。

最后，"融媒体"突出了互动的优势。纸媒以文字叙述为主要抓手，电视广播都有自己的长处和明显的短板。"融媒体"不仅具有视觉文化、图像营造的优势，更重要的就是通过"融媒体"的各个平台强化了互动。新型城镇化建设带来的文化效应，可以通过图像和文字即时获得网民的关注和反馈。在这种互动中，审美也可能是审视，求真更需要求证。

新型城镇化建设的新闻报道要和新型城镇化建设一样获得良好的效应，就需要走到"融媒体"视野中，突破简单化、图纸化、趋同化的前期报道窠臼，就必须强化一些关注点：

第一，聚焦城市文化。城市文化是时间文化和空间文化的合体，媒体对城市文化中复杂的一面、多层次的一面理解不足，这也反映在“融媒体”的产品“视角足够，内容不足”的问题上。尤其是新型城镇化建设的“新”在哪里，硬件和软件，物质和精神的，这些问题涉及的范围广阔，可以开掘的资源极其丰富。

第二，重视互动文化。“融媒体”是互动的媒体，它的核心特征不是把文字、视觉、网络融合为一，而是强化了传受关系互动、网状互动。互动产生新的媒体效应，产生新的媒体功能，也能推动网上网下形成“共同意象”，对城市的意象生成、城市记忆的定型、城市形象的确立都有很好的帮助。“融媒体”可以看到传统媒体难以看到的互动盛况，经历难以经历的互动仪式，确立难以确立的互动意识。互动，让影响力扩展，也让城市发展的想象力升华。

第三，重视文化创造。新型城镇化建设不是挖掘机和推土机文化，也不是楼房和高速路文化，它是有温度的文化。有温度的文化就需要了解文化背景和文化创造。新疆是丝绸之路经济带的核心区，既有古丝路文化在此漫步，又有新丝路文化在此穿行，每个城市，都有一段传奇故事，每一个地方，都有属于自己的文化创造。所以，新型城镇化建设的进程，就是一个文化创造的过程，这样才能使“人，城，景”之间不断讲述新的故事，焕发新的生命力。

第二节　视角：“远方”就在这个地方——主流媒体视角中的新疆旅游表达

视角，就是如何“看”的问题。在视觉文化盛行的当下，“看”本身已经上升到哲学层面，牵扯到文化问题、经济问题、社会问题。如何看？戴着有色眼镜看，还是管窥一豹；是远观，还是近观；是仰视，还是俯视；是一叶障目，还是满眼春色；是望洋兴叹，还是坐井观天……这都是看的学问，也是看的课题。

视角，也是叙事学中常用的一个关键词。兹维坦·托多罗夫说：“构成故事环境的各种事实从来不是‘以它们自身’出现，而总是根据某种眼光、某个观察点呈现在我们面前。”

叙事视角把叙述者对故事的感知经验局限于某一个局部主体意识，从而把整个叙述置于这个局部主体意识的能力范围之内。其重要性由此体现：从两个不同的视角观察同一个事实，就会写出两种不同的事实。

也可以说，它的重点不仅仅是讲看到了什么，还要说，一个观察者、叙述者无论以什么样的视角，都会有所遮蔽，也就是最终有所看不到、看不全，即便是全知全能的叙述视角也是有局限的。

我们明白了视角的有限性，就会明白，视角，其实是一种选择、一种观看之道，是文化智慧和思维能力。

这样的道理，运用到对新疆的旅游，最恰当不过。

我们知道，旅游发展在中国，呈现井喷式发展，无论是国内游还是境外游，旅游可谓科学发展、绿色发展、共享发展的典范。在旅游经济推动下的新型城镇化建设和在新型城镇化建设中繁荣起来的旅游经济，是一枚金币的两面。

所以，在新疆主流媒体的视域中，旅游发展和新型城镇化建设是如何互动、相互建构的，这一直是聚焦的关键。

旅游，从文化学角度来看，是人们从日常生活的循环往复中暂时跳脱出来，寻找远方的诗意和心灵的秘境。这个过程既是审美实践，也是社会文化体验。最重要的是在旅游过程中，每个环节都具有仪式性，而非日常性。因此，旅游活动对于每个人而言，都是“隆重”的，是难得的相识和机遇。因此，旅游所到之处，是有明确的文化选择的。同时，旅游的过程所见所遇，都会有明确的视域。有限的旅游时间程序，有限的旅游景点安排，有限的旅游文化体验，有限的旅游视角聚焦，总之，有限性的旅游要求“过目不忘”“惊艳不已”“流连忘返”“心驰神往”。

新型城镇化建设里面绝大部分的建设都是对空间美化的工作，大城市建设的规划和靓化，对城乡接合部的规划，对特色小镇的景观化，对景区的经典化，等等。用通俗的话说，新型城镇化建设包括“是景更是景，非景也是景”的内容和过程。据《都市消费晨报》2018 年 8 月 28 日刊发《新疆国家 4A 级景区增至 97 家》一文介绍，“截至目前，全疆共有 A 级以上景区 399 家。其中，5A 级景区 12 家，4A 级景区 97 家。”这些景区都在不断美化升级的过程中，扩大知名度，强化吸引力。

我们知道，一旦景观化，吸引游客的机制和可能就立时开启。没有会被游客忽视的美景，只有忽视游客的景区。景点、景观、景区的配套服务依照市场的需要不断升级，不断完善。这就是新型城镇化建设对旅游经济的“强筋健体式和脱胎换骨式的贡献”。

一、节庆的视角：审美的仪式和仪式的审美

对于新疆而言，“壮阔”是她美学上的描述。壮阔的疆域呈现“大美之美”的特征。这种美需要平视，需要远观，需要静观，在当前高科技不断完善的情况下，还可以仰视，可以俯视。也就是说，从各个角度来看新疆之美都不为过。百看不厌，不仅仅是指看的次数，还包括看的角度，这一切成为可能。

比如，《都市消费晨报》2018 年 7 年 24 日刊发的《新视角赏美景 新疆低空旅游航线已达八条》介绍说：“相比于以往的观光、休闲、度假时代，人们已经不仅仅满足于体验或走马观花式的游览，低空旅游可以满足游客求新求异的游览需求，让他们换个角度从空中看风景。目前，低空旅游正在经历一个从新鲜刺激到常态旅游的过程。”依据这种市场要求，新疆首条低空旅游航线富蕴至喀纳斯航线于 2015 年 9 月 16 日正式首航。2015 年自治区旅游局向社会发布了 100 个重点旅游项目，低空旅游名列其中。

低空旅游作为拓展视角的新尝试，对于游客而言是一种新体验，对于审美实践上而言是一种新领域。“闻所未闻，见所未见”，以往从未能满足的审美需要得以满足。

视角的拓展，对于旅客而言是美的历程，对于景区而言是美的课题。新疆这片土地上，汇聚着沙漠文化、绿洲文化、雪山文化、草原文化；从历史的角度来看，有西域文化的流韵、丝路文化的更新、兵团文化的魅力、现代文化的激昂。这些丰富的文化类型，让人目不暇接，“看什么，如何看”“游什么，如何游”成为重要的课题。

节庆是万花筒似的仪式。在现代社会，节庆不再局限于祈祷丰年的生存和文化诉求，更多的是通过仪式展示实现人的新奇体验，我们可以说节庆仪式是“文化体验的助产士”。巴赫金论及“狂欢节”，是一种个案，而多数节庆、节日都是对社会主流风俗的认同和相关观念的延伸，

是对社会主流文化的塑形，更是对社会传统的复习和重温。

新疆在新型城镇化建设的关键时期多次提出旅游强疆战略，把“节庆和节日”旅游放到了主题旅游的重中之重。在节庆和节日中，游客体验到的是游览和游戏融合的文化审美，是对边疆风韵、绿洲风采、雪域风情、戈壁风格的现代性阐释和解读。

《都市消费晨报》2018 年 5 月 15 日刊发的《近 140 项活动 150 多条惠民措施　中国旅游日全疆合力打造“旅游盛宴”》一文中介绍，2018 年 5 月 19 日是中国旅游日，围绕“全域旅游，美好生活”的主题，据初步统计，5 月 19 日“中国旅游日”前后，新疆各地、州、市将组织开展 90 余类主题活动、近 140 个分项活动，推出 150 余条惠民措施。

在这样的框架中，四季有节，每地有节，每节有特色，每节有看点，成为新疆旅游的常态。比如《都市消费晨报》2018 年 11 月 17 日刊发的《伊犁州第十三届“雪之恋”冰雪文化旅游节暨霍尔果斯冬季旅游购物季启动》，2018 年 11 月 18 日刊发的《自行车赛挑战一把，全疆百余车手和静比耐力》，2018 年 11 月 27 日刊发的《第十三届新疆冬季旅游产业交易博览会在阿勒泰开幕》，文中介绍，从 2006 年首次举办至今，新疆冬博会已举办 12 届，已经成长为新疆及整个西部地区最大规模的冬季冰雪旅游节庆品牌，也是旅行商和旅游企业参加数量最多的旅游盛会。

同时，2019 年 1 月 18 日刊发的《相约福海冬捕节“踏雪寻鱼”》，2018 年 12 月 23 日刊发的《天山天池冰雪风情节开幕，冰雪项目精彩纷呈》，2018 年 12 月 22 日刊发的《第十六届乌鲁木齐丝绸之路冰雪风情节启动》中介绍，本届冰雪节以“骄阳看雪　乌鲁木齐”为主题，各区县、各单位、景区、旅行社开展了丰富多彩的冰雪特色活动。乌鲁木齐市旅游局局长朱新荣介绍说，本届冰雪风情节全市推出冰雪马拉松赛事、国际乐雪节、冰雪进校园、冰雪美食节、花灯社火节等六十余项冰雪特色主题活动。

节庆结合当地特色，因地制宜，形成了特色，形成了品牌。《都市消费晨报》2018 年 7 月 16 日刊发的《2018 中国新疆伊犁天马国际旅游节今日启动　万马奔腾开幕式 天马喜迎八方客》中介绍，据悉，天马节从 1992 年开始举办，到 2013 年升级为自治区级旅游文化节，目前，天马节已经成为新疆最具影响力的文化旅游节庆活动之一。今年以来，昭苏县紧紧围绕打造“塞外江南”新伊犁的奋斗目标，以开创“康养昭苏、魅力昭苏、诗画昭苏、开放昭苏、和谐昭苏、美好昭苏”新境界为愿景，该届天马国际旅游节的主题是“马与新时代”。

其中，比较清晰说明这一现象的是新媒体时代网民参与的“经典节庆”互动。比较直观地看到网民的“注视”和游客、景区活动组织者、媒体在现场注视的巨大区别。四种不同的注视角度，也带来了对盛大节庆不同层面的理解。比如 6 月 18 日端午节当天《都市消费晨报携手央视新闻等 20 多家媒体开展端午联动直播 全国 600 多万网民通过移动直播看新疆赛龙舟包粽子》。在这次活动中，《都市消费晨报》联合央视新闻移动网及全国党媒视听内容融合发展矩阵的 20 多家国内媒体，先后对当日在新疆和硕县金沙滩景区举办的端午节龙舟赛、乌鲁木齐市安宁渠镇北大路村丁家大院的村民包粽子活动进行了两场全国联动接力直播，首日收看人数就超过 663.7 万人次。

对这次直播，我们看到了四种不同的视角选择。

第一，现场游客的视角。可以看到自己想看的活动，但由于视角有限，很多活动的精彩片段和项目不一定能看到，而游客能感受到现场的气氛，还能看到其他和节庆无关的景致，凸显出个人选择的自由度。

第二，景区组织者的视角，他们也在现场，他们是活动的策划者，他们关注每个环节的衔接和安全性、艺术表达的完整性，以及整个景区的存在。所以，他们的视角关注不是景区和节庆，而是游客的反馈和节庆仪式的程序完成。

第三，媒体在现场关注的是活动的亮点，这种关注并非事无巨细的关注，即便是直播，也是有聚焦的直播，保证对仪式的精彩部分放大，体现出视觉效果。

第四，网民通过网络来关注直播。网民看到的是媒体的视角选择，但在这个过程中，也会对自己的兴趣点给予特殊关注，网民可以看到结亲仪式的全貌和景区的全景，这就是媒体提供的便利，没有被自己的目光所限，能看到现场游客看不到的场景。

这四种视角代表了四种生活态度：微观关注使个体获得释放，紧盯环节使景区获得口碑和业绩，宏观关注使媒体获得权威，围观关注使网民获得审美体验。张朝枝先生在《文化与旅游何以融合：基于身份认同的视角》一文中指出，“一些背包客群体乐于体验当地生活方式，尝试去寻求当地元素，休闲活动聚焦在文化、自然和探险，他们的根本目的是希望通过或文化或自然或探险旅行来建立一个新的临时身份，因为他们往往希望自己变得更加勇敢、放松和独立。因此，旅游提供了一种新的身份的可能性，使个人能够根据自己在世界上的个人经历，而不是通过在社会中与其年龄、国籍、背景和性别有关的范式来定义自己。”①

文化和旅游关系的起源于旅游者个体或民族与国家集体追求身份认同。文化具有吸引物属性，而这种属性之所以产生，是因为文化能够让旅游具备身份识别的意义，文化因此成为政府进行身份强化的工具和手段。

节庆是浓缩的日常文化和提纯的审美文化，它的重要结构都是外显的、外向的，所以节庆是特殊文化价值的开掘。新疆最近促进旅游大发展，借节庆搭台子，借节庆作为视窗和通道，让新疆更好地向世界展示。

从这一个角度看，节庆本身是一种视角，它主要是调动了当地社会的机能，我们可以看到，节庆本身的组织能力，是节庆文化和旅游文化最好结合的关键。没有一个强有力的文化配置能力和调动能力，节庆不欢，旅游不乐，兼美之美，很难实现。所以，我们看一个节庆的文化表达和文化完整性，首先要看的是节庆的组织能力。这种组织能力，是当地政府和民众合力完成的，更是一种稳定的社会结构的外显。所以，节庆文化是一种特殊的视角，它不仅是对当地风俗文化的重新梳理，更多的还是对当地社会运行机制的一次对视，是和社会效率、社会容纳度、社会创新能力、社会传统文化和习惯的对视。是放大镜下的社会调查，也是显微镜中的社会体验。

另外，节庆文化是对域内的文化精华和文化魅力集中的释放，所以，节庆文化还放映出文化的表达能力。表达，是当今最习以为常的事情，但又是一件最难的课题。新疆四季有景，四季有节、山花节、杏花节、桃花节、郁金香节、葡萄节、天马节、冰雪节、捕鱼节、赛马节等，每一个节庆都与大自然的馈赠有关，每个节庆都是以自然之美作为内核。人与自然之间相互融合，大自然的生机与人的勤奋形成岁月的交响乐，成为自然之美与社会之美之间的契合。诗意中显示着朴素的浪漫，生命中激荡着原初的节奏。这就是新疆大美的关键，也是大美新疆的本色。所以，这种美的表达，不能纯以原始的话语来概括，这样太简陋、太草

① 张朝枝：《文化与旅游何以融合：基于身份认同的视角》，《南京社会科学》2018年第12期。

率。也不能以熟透的现代话语来讲述，这样又太粉饰、太矫饰。新疆的节庆文化中，“美”的成分中蕴含着奔放，像天马，像雪山，像沙海。“真”的成分中滚动着韵律，像草原，像盘山公路，像戈壁星空。

所以，新疆旅游和当地的节庆合力实现着仪式的审美和审美的仪式，通过仪式，通过节庆，我们看到的是放置在大自然怀抱中的话剧。有特殊的话语体系，有质朴而直指人心的剧情，有深邃而简洁的诗心，有豪壮而多情的演绎，是一种特殊视角下的特殊情景。

二、专属的视角：特定的关注和专心的聚焦

旅游是一种生活态度，是期冀到一个新的空间里体验人生，这是一种生活态度。可以蜗居，也可以坐井观天，也可以行色匆匆，走马观花；既可以睁眼看世界，也可闭目养神；既可以重视或珍视，也可以轻视或漠视。每一个选择和行动，都代表一种文化态度。而视角的选择也是这种文化态度的最好诠释。

比如，《都市消费晨报》2019 年 1 月 7 日刊发的《旅游援疆专列、包机带内地游客到“新疆的家”》一文指出，“自治区文化和旅游厅统计，2018 年 1 月到 9 月，各省市开通援疆旅游专列 98 列，旅游包机 106 架，游客总人数达到 11 万余人，为历年最高水平”。

到新疆旅游，可以说是一种诗意的徜徉，是对“家国情怀”的充实。孟子说，充实之谓美。我们说这是一种态度的表达，就是说，来到新疆，那种辽阔而神圣的感情得以书写；来到新疆，那种流连忘返的情怀得以升华。

这些事实从援疆旅游方面看得更加明晰：专属的旅游，专属的服务，对口的支援，形成了一种温暖的人生体验。“近年来，组织当地游客到援疆地区旅游，拉动地方经济，已成为各省区市援疆工作中极其重要的部分，而且随着新疆由旅游资源大区向旅游经济强区转变，旅游援疆热也逐年升温。”如文所述，“这一年，江苏‘十万江苏人游伊犁’持续发力，让伊犁成为江苏人最热门的旅游地，春看杏花，夏品薰衣草，秋游那拉提……包机、专列的频繁，让伊犁成为名副其实的‘江苏人在远方的家’”。

在这样的体验中，援疆专列或包机旅游的游客对旅游目的地是定点的，这种定点选择，让所看到的景点固然有限，但是是一次“爱的序幕”，

是关键的“第一眼”。我们可以说，以往对第一眼、对第一次的印象不太重视，随着时间的积累，重视第一眼、第一次印象、第一次邂逅，已经成为共识。第一眼，对于审美而言，是非常重要的直观印象，是好的开始。

所以，新疆主流媒体非常重视对第一次来疆游客感观的反映，其中一则故事非常精彩地演绎了主题：江苏游客吴先生到新疆旅游的念头起于夏季在扬州的一次参观。2018 年 7 月，“新疆那拉提旅游体验馆”在扬州落地揭牌，他到馆内吃那拉提的美食，体验了美景和草原文化，“感觉特别好，我当时就决定，要去实地看一看”。紧接着他乘坐 9 月的专列到伊犁，玩得非常开心，“到伊犁旅游是我 2018 年最开心的一件事”。

“来看什么”成为旅游的一种有目的的预期安排。预期和亲见两个视域是否重叠，是否契合，这是很复杂的观感体验和审美标准。《都市消费晨报》2018 年 12 月 20 日刊发的《上海千名摄影家包机来塔县拍叼羊比赛》就能说明这一问题。摄影家可以说是走遍千山万水，不会孤陋寡闻，也不会大惊小怪，他们都是以鹰一样的眼睛审视美景，审视目标。但他们来到新疆，拍摄塔县叼羊比赛，却生发出前所未有的新奇感和新鲜感。这就是专业目光带来的一次又一次认可和认定。

我们有时候会对固定的、有限的视角产生一种逆反心理，觉得看不尽所有，无法浏览一切。从一扇窗户看世界，似乎局限性很大，实际上，我们无论从多少扇窗户看世界，都只能先从一扇窗看世界。这是一种生活选择，更是一种生活方式。从第一眼开始的关注，是真正意义上的驱动。

旅游不断推出精品路线，景点不断提升自身星级。看风景,看服务、看品质成为旅游文化重要组成部分。

在这个过程中，“升级”和“品质”成为关键词。比如，《都市消费晨报》2018 年 12 月 26 日刊发的《“2018 中国十佳冰雪旅游城市”榜单发布 新疆两地榜上有名》，其中，乌鲁木齐市和阿勒泰地区荣获“2018 中国十佳冰雪旅游城市”荣誉称号；新疆丝绸之路国际度假区入围“2018 滑雪旅游区”前十强；中国西部冰雪旅游节暨第十二届中国新疆冬季旅游产业交易博览会入围 2018 冰雪季冰雪旅游节事前十强。

2018 年 12 月 17 日刊发的《新疆 3 个旅游项目成全国“精品”》一

文介绍了新疆中国环塔（国际）拉力赛荣获体育旅游十佳精品赛事，新疆喀拉峻国际户外公园获得了体育旅游十佳精品景区，新疆江布拉克山地户外线路荣获体育旅游十佳精品线路。此外，媒体非常关注的喀什旅游，也不断推出新思路、新内容。2018 中国新疆“风情喀什”冬季文化旅游节在喀什古城景区开幕，记者从喀什地区旅游局了解到，这次“风情喀什”冬季文化旅游节的主题是“慢生活，新体验——喀什带您游丝路”。

无论是旅游路线，还是旅游产品，无论是景区建设的文化品质追求，还是新型城镇化建设关照下的城市美化亮化优化，“精品”，都需要一次次被呼唤。

人和景之间的关系，一直以来是美学和社会学思考的问题。景之所以是景，在于人的审美。大自然本身不会产生“美感”，只有人的观赏和游历，才能产生美的可能性。这种自然之美，既具有客观性，也具有主观性。而审美的主观性，就取决于视角的选择，没有无视角的主观，一切主观都是有视角的主观，是有角度、有立场、有诉求、有需要的审视活动和意识活动。

这一系列活动就能反映出视角的选择，可以说明一种生活的智慧。旅游中看什么、怎么看，也存在这样的问题。有了这样的问题，就能推动“旅游生智慧，旅游生灵感，旅游生美意，旅游生情怀”。

旅游是一种文化行为，是一种文化选择。从新疆自然之美的粗犷和壮丽，新疆便捷的交通、周到的服务、淳朴的民风、安适的驿站民宿，无论哪一个方面，总有一个方面暗合心意，总有一处拨动心弦，总有一处引起共鸣。这就是“游赏”带来的文化上的收获。诚如《都市消费晨报》2018 年 7 月 23 日刊发的《乌鲁木齐县要让游客在这里“闻乡土、感乡愁、谈乡情”》所言，去南山避暑成了很多市民周末生活的选择，这里的农家饭、农家趣，让大家喜而乐见。让游客们在这里“闻乡土、感乡愁、谈乡情”，这也是日后乌鲁木齐县旅游发展的重要内容之一。

旅游是一种情感的寄托，所以，这种文化视角是带有明显情感色彩的视角，是具有情感寄托的文化视角。高质量的旅游和高品质的观赏需要的是情感的升华，是丰富感情的释放，是深沉情感的提纯。

比如《都市消费晨报》新媒体中心 2018 年 12 月 11 日刊发的《乌鲁木齐 88 岁老人收集上千张新疆景区门票见证旅游发展》介绍说，从 20

世纪 80 年代至今，88 岁的李富泉先生将各式各样上千张新疆门票收藏其中。“我爱旅游，也喜欢收藏门票。”李富泉说，在他收藏的门票中，仅天池的门票就有 36 枚，葡萄沟的 45 枚，喀纳斯的也有 36 枚……一张张门票不仅诉说着李富泉近 40 年间的旅游经历，也生动地展示了新疆景区几十年来的发展和变化。

在他收集的上千张新疆景区门票中，有 20 世纪 80 年代类似于邮票、需要盖日期章的门票，也有 90 年代明信片样式的门票，还有近些年的电子游览券门票……从不足手掌大小的一张薄纸到如今各种形状、极具设计感的各类电子券，新疆景区在门票样式上也有着很大变化。

新疆目前有 12 个国际级 5A 级景区，李富泉去过 8 个。

喀纳斯景区是国家 5A 级景区，在 2017 年累计接待游客近 460 万人次，喀纳斯景区公安局森林派出所所长赛日克一路见证着这里的发展。

在景区工作 20 年的赛日克说：“20 年前，想来一趟喀纳斯得途经崎岖山路，在山上找当地人的毡房投宿。这些年，路面越修越宽，景区内酒店设施环境也越来越好。不管是饭店还是农家乐，都有各种餐饮供游客选择。”

自 2010 年推出冬季游，喀纳斯景区的冬季不再封山，冬季的喀纳斯也一年比一年热闹。曾经冬天上山得依靠马拉雪橇或骑马，一走就得三四天。如今，一下雪，推雪机、铲雪车就上路了，冬天上山，从布尔津县到该景区只需要 3 小时。

《都市消费晨报》2018 年 8 月 9 日刊发的《旅游旺季来临！乌鲁木齐酒店入住率攀升 新疆各大景区住宿订房火爆》说道：记者从乌鲁木齐各大酒店宾馆了解到，目前各酒店宾馆均已达到今年入住高峰，入住率达到 95%以上。“这个旺季，新疆旅游景区的一大突出特点，是家庭游、亲子游游客增多，同时也带动民宿、毡房、露营市场的火爆。《都市消费晨报》记者了解到，8 月份以来，禾木景区进入最美的季节，民俗住宿也成为游客们的首选。禾木村里追求个性、情调，适合家庭亲子休闲、体验本土文化的民宿，从 8 月底到 10 月初，也已全部订满。这种把“驿站式”的住宿服务升级为“家庭式”的住宿服务，宾至如归的服务和温馨梦幻的情调，正是归属感的来源。

我们由此可以说，新型城镇化对人的改变是直接的、明显的，由此产生的城市文化和现代文化视角也能改变人，改造人，成全人。

三、新型城镇化建设的视角：是景更是景，非景也是景

新型城镇化建设是空间的建设、对城市景观的改造，使之合乎时代审美，城市功能的升级，合乎城市运转的需要。新型城镇化不是以美学为目的的建设，但它是兼顾美学的建设。以城建的视角来看新疆的发展，我们就能明显感觉到，景观的再造、城市服务的整体升级、空间转型的文化记忆和社会见证成为新疆主流媒体关注的主要内容。如果说，旅游是个人对从地理空间中寻找心灵空间的"同构异形"体和话语表述，那么，新型城镇化建设就是国家对地理空间的构造以期获得公众获得更多的归属感和满足感。

新型城镇化建设内容里面有一部分是对空间进行美化的工作，包括大城市建设的规划和靓化、对城乡接合部的规划、对特色小镇的景点化、对景区的经典化等。用通俗的话说，新型城镇化建设就是"是景更是景，非景也是景"的景观化过程。

景观在升级的过程中，需要的是文化视角的关照。也就是说，文化视角需要寻找景观的定位从而形成地位。视角具有灵活性。

《视角决定世界》一文指出，视角决定了世界，不同的视角呈现出完全不同的世界。"你都需要对自己的视角局限保持清晰确定的认知；你都需要寻求外援，寻找与他人的认知共同体，寻找知识存放的第三大源泉地；你都需要虚心聆听周围的声音，寻找智慧的光亮。"

视角会在一定条件下、一定关系中不断转换。俯视，仰视，静观，远观，宏观，微观，会在一次观察中发生多次转换，"横看成岭侧成峰。"这就意味着，在灵动的视角中，总会有新的发现。以新的视角看待新的事物，看待新的空间，这是新型城镇化建设之"新"。在不少地方，新型城镇化建设就是对这一过程的实现。从 2015 年以来，新疆多地推出山花节，以花为主题的景区建设也在推进中。比如，《都市消费晨报》2018 年 4 月 11 日刊发的《新疆建成首个樱花主题旅游景区》介绍了一种文化反差："新疆人不用千里迢迢专门跑到武汉大学赏樱花了，就在我们的家门口也有樱花主题旅游景区了。"《都市消费晨报》2018 年 8 月 12 日刊发的《特克斯引进全息剧场开启视觉之旅 不戴设备裸眼观看人、景栩栩如生》介绍："特克斯县太极眼摩天轮景区新引进全息剧场正在试营业阶段，让游客免费用最奇幻的方式，感受不一样的八卦城，了解不一样的特克斯。"

另外，《都市消费晨报》2019 年 1 月 9 日刊发《乌鲁木齐市重点推

进 14 个特色工业产业园区建设，加快工业转型升级》一文中介绍，位于乌鲁木齐高新区（新市区）的中亚黄金产业园于 2018 年 11 月正式落成，这个产业园集生产、销售、展示为一体。在生意人的眼里，它是黄金宝玉石的专业市场；在匠人的手中，它是黄金宝玉石工艺品的诞生地。在这里，旅客能了解到一块金矿石变成一个金手镯的全过程。

位于水磨沟区八道湾片区的乌鲁木齐市馕文化产业园于 2018 年 12 月 25 日正式全面投产开放。园区以工业+旅游的发展模式，在传承新疆美食文化、打造特色品牌的同时，作为新疆旅游的新景点，还可满足市民和游客的多方位需求。目前，馕文化产业园已引进新疆馕王食品开发有限公司、新疆百成鲜食供应链有限公司、新疆疆小馕食品有限公司等 19 家知名食品加工企业，主要生产馕、手工水饺、汤圆、奶制品、面点、糕点等特色食品。

新型城镇化建设中，对特色小镇的特色之定位，对城市景观之升级，对星级景区之美化，都需要不走寻常路，需要新的文化视角。这里就不断蕴含因地制宜的文化开掘，也需要极具想象力和创新意识的文化探索。迪士尼主题公园就是一个典型案例。而对于新疆景区而言，新疆的风土人情极具特色，需要精彩的言说、精致的包装、精准的演绎。

所以说，新型城镇化的建设，是不断的文化建设和文化开发，是对寻常视角的超越，更是对新境界、新空间发挥想象力的所在。

视角代表创意，代表在新型城镇化建设的重新文化定位，找出城市“特色”。而懂得特色、拥有特色、把握特色、发挥特色是一件十分不容易的事情，这就需要在空间转型中视角的不断转换，“上下求索”。

比如，《都市消费晨报》2018 年 6 月 29 日刊发的《克拉玛依打造中国西部研学旅游胜地》中介绍，克拉玛依市旅游局自 2017 年开始就推出研学游，2018 年筛选出“自然寻秘、石油探奇、动物王国、幸福都市、艺陶人生、农耕体验”之旅六大产品作为研学旅游的系列产品，随后由本地多家旅游企业联手对产品进行市场细分，面向社会推出 12 门课程，涉及自然、科学、生命、建设、艺术等多个领域，可供各类游客进行研学旅行，“欲打造中国西部研学旅游胜地”。

服务升级需要有眼光，发现机遇，发现提升空间，发现细节，这些都是城市品牌和城市形象的关键。城市发展需要远见，城市规划需要高见，城市文化需要洞见。城市的服务，不仅仅是一种微笑的表达，它也是品质的体现，更是包括对服务精神的发现。比如《都市消费晨报》2018

年 7 月 31 日刊发的旅游旺季《乌鲁木齐机场行李分拣员一天分拣 15 吨》一文介绍，平时一个分拣员每天分拣 700 ~ 800 多件行李，现在至少 1000 件左右，节前高峰时候每人每天要分拣 1500 多件行李，平时一个航班行李 70 ~ 80 件，现在一般东线航班都是 100 多件。

新型城镇化的关键是“人”，新型城镇化之“化”就在“人”。实现人的价值，实现人的获得感、幸福感、安全感，这是“以人为本”的新型城镇化的目标。而旅游，也是在演绎人与空间的关系。人的存在、人的往来、人的旅游，让新型城镇化建设变得更有价值和意义。人、新型城镇化、旅游的关系，在“服务”和“建设”中体现得最为明显。

据新华社 2019 年 1 月 17 日电，《2018 年新疆旅游人数突破 1.5 亿人次》介绍，2018 年新疆全年旅游人数突破 1.5 亿人次，增长率超过 40%。2018 年，新疆旅游业呈现“井喷式”增长。在夏秋等旅游旺季继续保持快速发展态势的同时，乌鲁木齐市、阿勒泰地区等地大力开展冬季旅游活动，让新疆的冬天“热起来”。

新疆，不在远方，比诗本身还要近，还要美。这是一次视觉的选择，也是一次视角的探索。正如《都市消费晨报》2018 年 8 月 14 日刊发的《31 人浙江亲子团游新疆　“新疆比课本上的还要美”》一文中所说，31 名来自浙江义乌的“亲子团”游客正式结束了他们的新疆自驾之旅，带着对新疆的不舍返回家乡。临走前，39 岁游客邵科杰已经做好了再一次来新疆的打算：“再过两个月，我还要来新疆，看看金秋 10 月的喀纳斯。”12 岁的邵奕然则说：“以前了解新疆是从五年级语文书的那篇《天山的美景》。来到新疆之后，发现新疆比课本上的还要美。”

小　结

大美新疆有许多不为疆外人士所了解的旅游资源，新疆的城镇化建设正好能对这些旅游资源进行有效的开发与利用，而新疆旅游业的发展又可以更好地促进当地的城镇化建设。新疆的主流媒体正好可以在“城镇化报道”中将新疆独具魅力的旅游景点逐一展现出来，在全媒体环境下融媒体的复合报道效果更佳，从而对新疆的旅游业和城镇化建设起到双重促进作用。

第四章

新疆“城镇化报道”研究专题二——丝绸之路经济带建设中的新疆“城镇化报道”与凝聚社会共识

第一节 互动的共识：“被空间生产，也生产空间”——主流媒体视野中新疆新型城镇化建设过程中角色转变形成的社会共识

新闻传播是“凝神聚力”的社会交流方式。我们都知道，交往交流交融的社会关系，需要的是社会实践和文化进程相适应，相适合的有效有力的平台建设。新闻传播所构建的传播方式和信息生态，就是为了体现这一交流过程的完整性和透明性。马克思主义新闻观和交往观与巴赫金乐观的具有乌托邦性质的“对话主义”，以及布尔迪厄的交往理论都看到了交往、交流、交融本身是需要主客观条件的。文化交流是目的性的，这种目的就是在文化互动中达成文化共识，形成文化认同。

当然，社会实践本身并不自然而然形成文化共识，文化共识的形成有非常严格的条件。

新型城镇化建设对于很多人而言，似乎是城建的领域，是物质建设的一部分，实际上，新型城镇化建设影响的不仅仅是水泥和砖瓦的生命，也不仅仅是道路和场景的生命，它推进的每一步都会影响到这个空间里的人。

交流也好，交往也好，都是人的交流交往，都是在一定空间里实现的交流和交往，都是具有一定物质条件和精神需要的交流和交往，所以，新型城镇化的推进势必是人的城市化，重新塑形，重新命名，重新定位，

重新选择的文化活动。

在这个活动中，对于因城镇化转型的人们而言，首先面临的不是别的，而是角色的定位。当我们审视“定位”这个概念的时候，我们会发现，这是在时间关照下的空间概念。“位”，是人在空间中立足之地，是在一个平台中角色扮演的权力禀赋。“位”，具有经纬性，具有方向性，具有相对性和参照性，关键是，“位”是一个人、一个群体在社会关系中的角色体现。在城市化的空间形塑中，人的定位与自己具有的文化资源、文化资本、文化能力、文化选择息息相关。

而需要我们高度重视的是，社会共识与文化定位、文化角色、文化身份有密切的关联。社会共识的表现既宏观又微观，既具有表征性又具有深层性，既具有普遍性又具有个性。而这些都与一个人、一个群体的文化定位、文化角色、文化身份产生着复杂的关系。

也可以这样说，新型城镇化是一个流变不居的空间塑形。在这里，人通过定位，养成或积累角色的功能，展开具有个性和共性的角色行动，从而在交往和交流中形成社会共识和文化认同。这一理论假设，看似是线性的推演过程，而在现实这个复杂系统中，这一过程会产生各种状态、各种可能性。

中国新型城镇化建设是世界城镇化建设的一部分，新疆的新型城镇化建设更是中国新型城镇化建设的有机部分。这就说明，在现代空间建设历史中，以城镇化为标杆的空间生产和生产空间，相对于古典的城堡、城郭、乡村而言，是文化上的超越和颠覆。城市的现代性，具有现代城建的工作机制，包括城市规划，城市定位，城市功能，城市风格，乃至城市文化。

新疆新型城镇化报道和全国新型城镇化报道统一步调，《新疆日报》《新疆经济报》《都市消费晨报》和《乌鲁木齐晚报》作为边疆地区的主流媒体，承担着新型城镇化报道的重要任务。2013 年，随着“一带一路”倡议提出，新疆推进丝绸之路经济带建设；2014 年，第二次中央新疆工作座谈会召开，聚焦新疆社会稳定与长治久安总目标；2016 年以来，新疆的新型城镇化与脱贫攻坚、振兴乡村、旅游兴疆发展目标相互促进，合力制动，可以说，在新疆，新型城镇化建设是一体多能，具有丰富的社会功能和文化内涵。

基于这样的情况，通过主流媒体的视野，我们首先发现，在新疆新型城镇化建设中，形成了全新内容的“文化场域”：三种全新特征的文化角色，三种全新指向的文化共识。

一、三种全新的“文化场域”：形成文化互动和文化交流的基础

新型城镇化是城市智能化方向的概述，也是城市与环境“和谐相处”的描述。在这个过程中，城市的无序代际更迭被城市的科学规划取代，城市的无序扩张和吞噬性被城市有节制、有控制的健康发展取代，城乡赫然醒目的边界以及灰色的边界地带被城乡关系的模糊、城乡元素合理流动所取代。总而言之，新型城镇化建设不是烟囱林立浓烟滚滚的建设，是城市美学的建设，是城市人文精神与科学精神的合璧。所以，新城镇建设的新，就是要有新的“文化场域”和文化空间的建设。如果没有这个场域和空间的生产，就谈不上有新的角色转型和身份认同，更谈不上有什么具有时代精神的社会共识。

在这几年的新型城镇化建设当中，新疆主流媒体观察到了这些新的变化，也不断意识到，空间生产其实就是人的关系的生产，空间的新构造就是人的关系的新构造，空间影响着人，影响着人的意识和观念。所以，通过梳理，我们发现，在新疆这片热土上，正在形成三种全新内容的“文化场域”。

首先是“丝绸之路经济带”场域。

丝绸之路经济带，是地理概念上的，也是政治经济学概念上的，同时也是文化概念上的。在丝绸之路经济带上推动新型城镇化建设，是历史与现实的对话，是中国与世界的对话，是相遇与相知的对话，最重要的是文化功能与政治经济功能的交融。

“一带一路”是新型城镇化建设的空间平台。在丝绸之路经济带核心区建设方面，乌鲁木齐作为“五大中心”建设的排头兵，喀什经济特区和霍尔果斯经济特区作为重要支点，南疆四地州作为新丝路建设的关键区域，可以看到“一带一路”倡议和新型城镇化之间的契合和整合。地理上重镇的定位基本契合，文化上覆盖面基本契合，环境上生态资源基本契合，有了这些契合点，新型城镇化进程就是丝绸之路建设的推进器。

2015 年 4 月 9 日，人民网发表《同济大学专家畅谈“一带一路”与

新型城镇化》文章，指出“一带一路”倡议和国内的新型城镇化结合起来，非常有意义。

2015 年 10 月 20 日，《深圳特区报》刊发相关文章指出，“一带一路”倡议与“新型城镇化”作为国家区域经济发展的重点目标是完全一致的，认为，两大目标构成新常态下新经济增长点，两大目标共同推进经济结构优化，两大目标合力拉动基础设施建设，两大目标均对世界经济产生重大影响。《新疆经济报》2015 年 10 月 1 日刊发的《辉煌 60 年 · 科学跨越：新型城镇化 扮美新新疆》认为，“如今，随着‘一带一路’倡议的提出和丝绸之路经济带核心区建设的开展，新疆的新型城镇化发展也迎来新机遇。”“毫无疑问，丝绸之路经济带的建设将有力推动新疆在金融、产业、贸易、旅游、交通等多个领域的发展。基础设施的完善和产业结构的调整将对新疆的新型城镇化进程起到巨大推动作用”，并介绍说，2014 年 7 月，《新疆城镇体系规划（2014—2030 年）》经国务院同意，由住房和城乡建设部批复同意实施。推进新疆城镇化建设从此有了“抓手”。

所以，新型城镇化和“一带一路”新闻报道，在新疆主流媒体上没有明确的界线。从 2014—2015 年的“丝绸之路经济带”系列报道中，我们都能看到新型城镇化建设的身影。

在主流媒体眼里，“一带一路”的建设对于新型城镇化建设无疑是重要的利好条件，我们既能看到主流媒体在这方面的基本共识，也能看到，这种展望式的、前瞻式的认知，对于传播丝绸之路经济带的影响力、便于大众接受和认同，无疑是精准传播的有效途径。

通过对主流媒体的分析我们可以发现，丝绸之路经济带，作为一个举世瞩目的经济带，它以进行时态在不断推进和构型。场域的生成，对于人而言，是主观和客观能动、意向性和实践性合一的存在。一个人虽然可以在不同场域里穿行和逾越，但在一定时间和一定条件下，人只能在一个场域中出现。这种状况，生成了这个人的角色定位和行为功能。丝绸之路经济带和历史上的丝绸之路一样，是新型的桥梁，是新型的纽带，是新型的通道。“丝绸之路经济带”包含着中华民族的创新精神和开拓精神，包含着中华民族的世界意识和友善意识。“丝绸之路经济带”象征连接、联合，像联结互通互利的纽带。所以，漫步丝路，驼铃声声与高铁飞驰相呼应，时空变换，时空穿越，时空对接，就在此时此地奇迹般地碰撞和发生了。在这一文化场域的变化中，“带”是一种文化共识。

其次，在改革开放 40 年成长中铺垫了坚实根基的新疆城市群场域。

新型城镇化不是从无到有的城镇化进程，而是城市的转型。我们可以称之为功能转型，形象转型，风格转型。2012 年 8 月 6 日，《都市消费晨报》刊发《新疆最新城镇体系规划上网公示 22 座城市各有千秋》，介绍了《新疆城镇体系规划（2012—2030 年）》的基本构想。2016 年 01 月 13 日《都市消费晨报》又刊发了《新疆重点发展三大城市群》，介绍了落实自治区推进新型城镇化行动计划和城镇体系规划，优化城镇化布局形态，重点发展乌鲁木齐城市群、伊宁-霍尔果斯城市群、喀什-阿图什城镇群，积极发展绿洲城镇组团。在这段时间跨度中，媒体对新型城镇化建设和规划的目标在不断深入，不断丰富，脉络越来越清晰，定位也越来越清楚。

宏观的规划，体现了发现与远见之间的辩证逻辑。发现一个空间、一个场域的潜能，然后对空间资源进行合理配置和科学规划。所以，“发现”，是新型城镇化建设的入手。而“远见”，就是新型城镇化建设的愿景和图景，不仅代表着一种科学意识，甚至包含着美学的艺术创意和智慧。

主流媒体首先要关注到这种发现与远见之间的辩证关系，以新闻的视角来审视发现与远见的可行性。

也因如此，在新疆的新型城镇化建设中，用主流媒体的话语方式来言说的内容，关键在“节奏”。和节奏有关的是快速、迸发、提升、大发展、大开发等。这些在不断压缩时间、空间的建设，体现出了新疆新型城镇化建设的效率和节奏。这是一个转型的过程、一个“蝶变”的过程。

2011 年《新疆日报》推出系列通讯，“一城一新貌”“一城一亮点”，开启了新疆集中报道新型城镇化建设的序幕：《喀什：一片大开发的热土》（2011-05-21 A02：要闻），《石河子：年轻的城在长大》（2011-05-24 A02：要闻），《哈密：“能源之都”正在长成》（2011-05-25 A03：时事要闻），《吐鲁番：丝路古道展新颜》（2011-05-26 A03：要闻），《巴音郭楞：迸发活力 快速发展》（2011-05-27 A03：要闻），《克孜勒苏：万山之州展新貌》（2011-05-28 A02：要闻），《塔城：书写又好又快发展华章》(2011-05-29 A02：时事要闻),《阿克苏：大建设推动幸福指数提升》(2011-05-30 A02：时事要闻),《博州：让百姓享受改革发展成果》(2011-06-01 A02：时事要闻),《阿勒泰：旅游龙头舞起来》(2011-06-27 A03：时事要闻),《克州：后发赶超的崛起之路》(201208-04 A01：要闻)。

城市的成长和发展，需要的就是一个认识和重新认识的过程。风貌的变化是直观的，也是可观的，所以，直观之后形成的印象，成为对于一个城市的记忆，成为这个城市的文化表达。“变化太大了”“耳目一新”“改头换面”，都是最近几年新疆城镇化建设带来的视觉效果，这种快节奏的变化，是城市转型驱动的最直观的收获。在这和变化中，“快”是一种文化共识。

第三，新型城镇化中“城”和“镇”的场域。

新型城镇化建设不是只盯着大城市，域镇化的“镇”，就是对乡镇的重新定位和发掘。特色小镇，是新疆旅游发展的美妙布局，也是对城乡二元对立的化解和纾解。不但要释放大都市的优势，同时要卸掉大都市不属于自己的烦冗功能，还要释放小乡镇的发展潜能，填充小乡镇的发展内容，避免空壳化和荒村化。

新疆的主流媒体关注到这一点，同时和乡村振兴相结合，双眼看一事，从而让新型城镇化和乡村振兴成为腾飞的一对翅膀。

新疆各个主流媒体都报道了，2011 年 12 月 28 日，北屯市成立，实行“师市合一”管理模式。这不仅意味着新疆版图又添一座新城，也标志着继石河子、五家渠、阿拉尔、图木舒克之后，新疆生产建设兵团第五座城市正式成立。兵团新城的不断成立，拓展了新型城镇化的发展空间和升级空间。2015 年 3 月 20 日《都市消费晨报》刊发《新疆生产建设兵团第八座城市可克达拉市获批成立》，由此可见兵团新型城镇化的“速度与激情”。

兵团提出，到“十二五”末，兵团城镇化率将达 65%。着力构建兵团城市、垦区中心城镇、一般团场城镇、中心连队居住区为节点的兵团特色城镇体系，加快改善民生 打造宜居新型城镇，不仅要让兵团职工“搬得进、住得起”，还要“富得了、过得好”。

新农村建设和新型城镇化建设的合力和联姻，让主流媒体全景式地了解到了“乡镇”“乡村”这些场域的特殊性，也看到了“新型城镇化”

在这些区域“化”思维过程中的特殊性。

从《新疆日报》刊发的《新房子旧房子》(2011-02-22 A03：天山南北）首先可以知道新疆的农村发展是重要的课题，知道如何城乡一体，如何实现新型城镇化，如何不危害农民利益又实现农民转型，实现富民安居。报道描述了新房子和旧房子的历史性对比，还着重强调了人的身份转变，“采访中记者了解到，巴里坤实现‘一户一名产业工人’的前景同样令人振奋”。刊发的《推进新型城镇化建设看亮点 大河沿子镇的农民安居楼》(2011-03-25 A03：天山南北）记者感言中说，“从根本上改善农民居住状况和生存环境，也是城乡一体，缩小二者差距的具体举措”。新型城镇化报道和新农村报道就这样成为不可剥离的一体。各主流媒体不仅仅报道农民上楼，关键还提到了农民的生活该如何提升，这就涉及农民的身份转变和技能学习。《我区大力扶持“专精特新”企业今年计划支持中小微企业 40 个项目》(2015-01-10 A02：要闻）报道，支持“短平快”项目，让广大农民向产业工人身份过渡，有技能有岗位有财源，就有了希望。心定下来，社会氛围和生活质量也随之改善。《强技能促就业——伊宁县农村富余劳动力大培训启示录》(2015-01-10 A01：要闻)《库尔勒 投资 4 亿建快递产业园》(2015-02-03 A03：天山南北)，《孔雀河畔织锦绣——库尔勒纺织服装城迎来跨越式发展》(2015-01-12 A08：经济视野)，解决就业，同时让农民更快脱贫致富，产业园区的功劳不可低估。在最近几年，新疆各个地方都开辟了各种形式的产业园区，它们是新型城镇化的穴位，是新型城镇化的神经元，也是农民转型、农村转型的一个新台阶。“访惠聚”驻村工作，民族团结一家亲活动，十九省区市援疆，以及惠民政策让新型城镇化有了温度，农民牧民身份发生了变化，媒体反复提及：“钱包鼓了，笑容多了”“出门有工厂，不用出外打工”“楼上楼下网上网下，电灯电话电器电脑电商”，农民与市民的生活差异越来越小。从这一变化来看，“近”是一种文化共识。

二、全新特征的文化角色

空间生产着人的社会关系，人的社会关系也反作用于空间生产。这也许是空间文化重要的支点。新疆这片广阔疆域在新型城镇化建设中生成了三种具有新内容的场域，同时也定位了三种重要的文化角色：丝路人、城市人、一家人。

（1）丝绸之路经济带建设，使生活在沿线的人民，尤其是生活在丝绸之路经济带上的中国公民获得了新的文化角色。我们知道，丝绸之路的历史存在让生活在这一区域的人，那些在丝绸之路上跋涉、推动商贸和文化往来、推动文明汇聚的人们有了一个共同的名字：丝路人。丝路人是文化开放的探索者，是世界性交往和交流的先锋。在丝路上，相遇和相识、相助和相交，成就了丝绸之路的往日辉煌。这些成果已经内化到中华文明之中。

进入新时代，丝绸之路经济带建设有了更多的国家和贸易实体参与、更多的人参与、更多的财富和文化产品参与，这些参与对于生活在丝绸之路经济带核心区的新疆人民而言，不但是全新的历史机遇，更是全新的角色塑形。

中国新疆的各族人民，开始或正在从地域性的生产建设角色转向全域性和全球性的建设参与者角色。这种角色的转变，需要很多因素作为支撑，其中一个重要的因素就是新型城镇化建设的因素。

丝绸之路经济带建设引动新型城镇化建设，新型城镇化建设推动丝绸之路经济带建设这个过程中，“世界和我们的关系”是重要的课题。从城市发展史上看，城堡、城郭、城市都是各个时代政治经济文化的重要基点，城市开始并完成交流和交往的重大仪式和重大成就。所以，城市文化中包含了很多本然的开放和兼容。世界，对于信息时代和全球化时代的我们而言，也就不是陌生的“他者”，我们的生活和生产与世界其他部分连接在一起，城市就是这些连接的“结”。

在丝绸之路经济带核心区生活和生产的人们，首先要使个体与这个历史连接上，所以，参与，是角色转型的关键。变化的空间让人转变，必须以人的参与为条件。角色转化也是如此。由一个村的村民、一个合作社的牧民、一个平凡的市民转型为参与到世界性的“连接”中，需要的就是全球视野、现代化意识。

（2）城市人内部也要转型。新型城镇化是一种“势”，也是一种“式”。势，代表着潮流性、不可逆转性，而新型城镇化对于市民的影响和重塑也是极其深刻的。式，表明一种样式，范式。是对城市风格和模样的定型。新型城镇化建设的成就总是“借势”而“形式”，总要以一种或多种样态呈现于人前。

所以，新型城镇化建设，正在向城市的“宜居”“乐居”方面进行，城市的功能不断升级和区隔，城市的风貌也不断改造和改善。新型城镇化建设要求人与城的融入度。乌鲁木齐市作为国际性大都市，在新型城镇化建设中，需要新的升级，需要更丰富的扩容、城市机能更有效的提升，这也是最近几年乌鲁木齐市城建提速的关键。《乌鲁木齐重点建设项目遍地开花 奠定“十三五”良好开局》(2016-04-14《乌鲁木齐晚报》勾勒了乌鲁木齐市各个区域的功能展望和定位。《乌鲁木齐交通枢纽路网建设 编织城市畅行蓝图》(2015年12-15《乌鲁木齐晚报》详尽盘点了乌鲁木齐市交通建设的飞跃和愿景：“城北：道路延伸、空间扩大。BRT：线路成网、智能运营。地铁：全面推进 完善功能。”

此外，乌鲁木齐市近些年不断展开美化城市的工作，加大绿化和靓化，树上山，水进城。因此，《乌鲁木齐市2014年新增百个小游园、小绿地》(2014-10-17《乌鲁木齐晚报》，据此事，《都市消费晨报》刊发《每年新增100个小游园让城市走向宜居》(都市消费晨报 2016-03-24)介绍：“从2011年乌鲁木齐改善民生100件实事实施以来，每年城市新增100个小游园及公共绿地都赫然在列。据了解，从2011年到2015年底，乌鲁木齐市已累计建设小游园654个，小水面83处。”

从主流媒体的聚焦中我们看到，新型城镇化建设对于城市市民而言，市民要在快速发展、快节奏生活中进行发现和判断，在快餐文化中决定自己成长的快慢，在快阅读和快抉择中寻找自己的坐标。城市是一个快熟的果子，是一个快速旋转的摩天轮，所以，市民的角色定位需要时时上心，处处用心，最重要的是，角色在不同空间的切换已经成为现代城市的重要文化仪式和表象。从主流媒体的视野来看，城市的变化更需要人守住自己，把握好自己的角色本职，不要在角色转化中迷失自己，寻求一种归属感。

多数主流媒体同时明示，新型城镇化建设中，角色转换是必然的，这种转换不是农民变市民，而是小市民变大市民，是具有现代意识和创新意识的社会角色，是公共意识和文明意识兼具的社会角色。在这个过程中，人与我，人与城，城与大自然，我与我之间的关系，都需要重新调整和塑造。在不断美化、靓化、人性化和现代化的大都市中，人更要重视自我在公共场域的表现和表达。这是新型城镇化建设中的文化指向。

(3)特色城镇的场域中，农民牧民的角色转换似乎更有价值。以往，农村户口和城市户口似乎有很明显的区别，而城镇化让农民牧民也能过上城里人的生活。但这并不是最重要的，最重要的是，角色的行动功能不断丰富起来。

我们知道，角色是具有行动功能的，尤其是叙事学在分析角色的时候强调一个角色多个功能、多个角色一个功能的可能性。无论是哪种方式，角色在叙事文本如小说、戏剧、新闻中等都具有行动功能，没有没功能的角色，也没有无角色的功能，前者是道具和布景，后者是角色缺失和结构不完整。

同样，一个人、一个团体，都有自己的角色定位．这种定位，既有天然的，也有后天的，角色基本是被赋予的，由关系生成的，也是可变动的。新型城镇化让丝路人转型为新丝路人，市民转变为大市民，也可以让“这里的人”变为“一家人”。

我们知道，新一轮援疆在推动新疆社会稳定和长治久安方面做了积极探索，最重要的是，从“输血式援疆”转型为“造血式援疆”。这就要求，援疆工作的立足点在智慧援疆、文化援疆，确保受援地在发展生产力、脱贫致富方面，有心劲，有闯劲，有后劲。援疆工作推动了新型城镇化建设的进度，提升了建设的规格，保证了建设的质量。援疆工作成为新型城镇化建设请来的“高参”，把先进地区的先进经验和新疆本地实际结合在一起，从而创造了新的“人间奇迹”。比如《江西省投入3000万元援疆资金　阿克陶边境牧区贫困户住进城里楼房》（2011-01-19 A04：民生·民声）新一轮“援疆”试点工作展开后，江西省援疆指挥部把援建民生工程作为首要任务来抓。《深圳全力打造喀什特殊经济开发区　国开行新疆分行和新疆新华水电签署合作协议》（2011-04-12《新疆日报》A02）消息报道，深圳在创造立体援疆新格局中，将全力打造喀什特殊经济开发区。《一批“浙”字号企业相继落户阿克苏》（2012-08-15《新疆日报》A03：时事要闻）文章介绍，2010 年以来，浙江天达、浙江塑业、浙江永翔、浙江舒奇蒙等一批“浙”字号企业相继落户阿克苏市，为当地经济带来新的活力，形成了良好的集聚效应。

援疆的人们和当地人一样，成了推动新型城镇化建设，推动乡村振兴，推动新疆旅游事业的家里人。他们的角色从援疆人员转变成“一家人”。

《经济日报》2012 年 8 月 9 日刊发《新型城镇化要有新思路》一文中指出，随着技术进步和物质文化水平提高，需要加强精细化的城镇规划、建设和管理；更加注重以人为本，应对未来城镇化进程衍生出来的更多人性化需求。《新疆日报》刊发了《推进以人为核心的新型城镇化》，也强调了人在新型城镇化过程中的核心地位。《以人为核心推进城镇化——访自治区党委农办经济发展处处长金长湖》(2014-01-07《新疆日报》)强调，新型城镇化建设不能忽视人的核心利益，在人的身份转型中维护人的基本权益和需要。从生活方式来看，人在新型城镇化进程中改变(《吉木萨尔农民像城里人一样过日子》，2015-01-15《新疆日报》A03：天山南北)。从生产方式来看，人也在改变(《伽师 2 万农民成了“蓝领”工人》，2011-01-06《新疆日报》A07：天山南北；《哈萨克牧民成了铁厂沟镇企业主力军》，2011-01-07《新疆日报》A06：天山南北)。人的改变的目的，还是为了在一个宜居安适的家园里建设和生活。《新疆库车：推进新型城镇化建设共同创建宜居家园》(2013-08-30《新疆日报》)说的就是这个道理。生活的一切改变和建设，都是为了建设美好家园。新农村是美好家园，新城镇也是美好家园，家园里需要有人，空间生产关系就是这个道理。一个村的变化，一个村的升级，一个特色小镇的诞生，一批土特产在网上热销，家门口的厂子开工，都带动人的角色的转换。人的角色转变，人的价值和人的能量也会发生变化。新型城镇化建设就是要推动这种角色的转变，使一个人具有多个行动功能的角色，在生活和建设中协作和合作，成为真正意义上的一家人。

三、不同场域中身份的转变

我们知道，文化身份的确立只是这种身份进入和参与到特定空间或场域中的准入资格，是一种用于交往和互动的资格。在参与新的场域之前，身份的获取、资格的获取是非常重要的。所以，在全球化的时代里，身份认同就是资格准入在心理层面的发生和在社会实践中的强化。

而一旦进入新的空间或新的场域之中，人面临的难题其实就变成了身份与角色之间的矛盾。在传统的认知中，身份和角色往往混淆，好像身份和角色是同一个事物，实际上，身份和角色是不同的，它们的生成机制不同，存在方式不同，社会功能不同，文化表达也不尽相同。两者在一定条件下有一致的朝向，也有明显的差异，也可以在一定条件下进行转变。这是一个全新的文化选择机制。我们用一个个案来说明这个问题。

《都市消费晨报》2018 年 4 月 4 日刊发的《女子儿时爱好做成事业带动千余农村妇女就业》，讲述了家住阿勒泰市红墩镇阔克萨孜村的黄彩霞将儿时喜欢的手工编织做成她的事业，还因此带动了 1000 余人自主创业。在当地政府的帮助下，她组织的巧媳妇手工编织合作社的产品，走进了中国-亚欧博览会，以及乌鲁木齐市各大展示平台和销售大赛。手工编织产品不仅在阿勒泰地区销售，还接到了不少区外、国外的订单。

从这个新闻中，我们看到三种空间或场域的存在：① 阿勒泰市红墩镇阔克萨孜村；② “妇女创业基地”“红墩镇远程教育基地”；③ 亚博会以及乌鲁木齐市的各大展示平台。这三种场域分别是：① 地理性的乡村空间；② 具有新内容新特征的创业基地；③ 产品销终端和展示平台。

在这三个空间里，黄彩霞具有三种不同的身份：手工编织巧匠，职业培训的老师、创业的实业家。那么，使她获得这一系列身份的元素是：有手工编织的天赋和爱好（能力）；敢闯敢干，从小敌到大的意识；获得当地政府的支持（条件）。

而在这一系列的参与实践和空间活动中，黄彩霞的角色也发生了变化：从打工妹到创业者；从绣娘变为培训老师；从小摊主变为实业家。这种变化让她的角色在生活和生产中不断提纯，升华为这样的角色定位：“奋斗者”加“合作者”加“事业闯将”。角色功能也非常明确：改变自我命运从而改变更多人的命运。

我们从以上分析中，可以看到身份和角色之间的联系和功能。首先，身份是准入的资格，但一旦进入一定场域，就会对身份进行修正和丰富、认定和否定。其次，身份不是行动本身，却是行动的准备和开始。身份与进入的场域可以一致，也可以不一致。再次，角色只在场域中发生，没有场域，就没有角色。角色是行动元，是行动中人与人、人与空间关系的综合。最后，身份可以修改，角色功能不能修改。一个身份承担多个角色，一个角色可以分置到多个身份中。

我们分析身份和角色的原因，就是要探究社会共识是如何通过变化而形成的，在个基础上形成的。

首先，特定的空间或场域诞生共识。共识，不会诞生于非空间里，一定诞生于一定的空间里，即便诞生于不同的空间里，共识也一定处于空间里。

其次，就因为如此，身份是过渡性的、变动性的，它是一个空间向另一个空间准入的资格和能力。身份需要通过能力认证和命名，才能进入另一个空间和场域中。所以，在身份变换和切换中，“需要”进入是关键，也就是说，想进入另一个空间，或想进行身份改变，这一主观因素非常重要。即便在绝大多数情况下，人的身份转换也是客观因素造成的，是被动的，但仍然需要人的主观能动。有了这种需要，空间对身份的作用，身份对空间的反作用才能有价值和意义。

同时，一旦在一定空间里形成了角色定位，那么，角色本身行动功能就要对整个空间生产产生作用。从结构主义角度来看，一次行动一定会对结构产生影响。角色功能不会闲置，也不会删除。只有身份可变化，角色可转换，角色功能不可变。

所以，一切认知和情感的发生都是在空间和场域中发生的，是具有一定身份和角色功能的。归属感一定是在一定空间里实现的归属。归属是社会共识的前提，没有归属，身份频繁切换，角色不断变换，居无定所，无立锥之地，那么，既无身份认同，角色功能也不断被打断，这样就不太会产生归属感，也不要奢谈什么社会共识了。

因为丝绸之路经济带建设，城市的美化与靓化建设、特色小镇建设都集中于新型城镇化的空间建设中，这对于在新型城镇化建设中的多重身份认知也有很多帮助：新丝路人具有相遇的身份，在新丝路建设中相遇相知。援疆干部、本地人、外来商人、外来打工者以及旅客等，他们以不同的身份参与到丝绸之路经济带建设中，获得新的角色定位参与者。

市民具有参与的身份，在新型城镇化建设中，参与城市空间改造和升级，参与靓化、绿化、美化的一系列工作，参与公共空间的维护和建设，参与构建以城市现代文明为主要内容的文化辐射和文化传播工作，从而获得新的定位——建设者。

特色乡镇建设让农民牧民的身份发生变化，有的成为新市民。在广阔的农村，在广阔的城乡接合部，各民族团结在一起，游客和本地人、驻村工作队和本村人通过新型城镇化建设合力在一起，交流、交往、交融，从而获得新的定位——交融者。

这就可以看到，互动者的共识、建设者的共识、交融者的共识都可以归结到一点——互动。

身份在互动中形成和变化，角色功能在互动中演绎故事，完成目标任务，一个改革的时代，一个不断前进的社会，互动是保证社会健全和完整的基础。网络时代强化的就是信息互动的可能，丝绸之路经济带建设顺应的就是我们与世界互动的必然。互动，就是对话，就是彼此了解。互动才能有资本和财富的流动，互动才能有文化创新和文化传播的可能。所以，互动，作为一个共识，它改变着态度，视野，选择，思维。人与人的互动，被特定的空间生产出共识。

第二节　新丝路与新型城镇化的交响曲——浅论主流媒体视野中丝绸之路经济带上的新型城镇化建设

丝绸之路经济带建设是新疆重要的建设目标。在丝绸之路经济带上，新型城镇化建设，乡村振兴建设，旅游发展等等都在齐头并进，都在这条大道上驰骋。如果说，古丝路的开启和畅通，成就了“凿空”的文化价值，推动了跨文化交流的勇毅探索，构建了东西方政治经济交流的奇迹和神话，带来的是征服时空的智慧和骄傲，那么，“一带一路”倡议和建设，带来的是新时代的交往交流交融的新课题。古丝路上回响着驼铃，留下了商贾的脚印，绿洲的襟怀和瀚海的神秘，瓷器的精致，茶叶的香醇，丝绸的精美，它们都具象为永恒的文化符号。当下的丝绸之路经济带建设，是飞机的展翼，是中欧班列的轰鸣，是电商的瞬间，是百货的流动，是文化的对话，是财富的涌动。

在丝绸之路经济带的建设中，重要的一部分就是新型城镇化建设。因为，丝绸之路经济带，作为一个崭新的经济发展和创造新的奇迹的区域，它的功能是复合的，是综合的，是成长型的。在丝绸之路经济带建设中，要超越的是古丝绸之路的时空限制，以及为了跨越时空的辖制而付出的代价。丝绸之路经济带，要铺满智慧之花，要长满新时代的科学成果，要具有国际性的气派和生产能力，要有超越沙海的勇气，要有超越边疆固穷的狭隘思想，要超越萎缩一隅的封闭意识。开放，建设，交流，是丝绸之路经济带的文化宝石。这也是新丝路和新型城镇化建设必然和鸣的交响曲。

《新疆日报》2013 年 9 月 8 日 A04 版刊发《习近平在哈萨克斯坦纳

扎尔巴耶夫大学发表重要演讲——弘扬人民友谊 共同建设“丝绸之路经济带”》开启了新疆本土主流报纸对丝绸之路经济带的即时报道。丝绸之路经济带上政治经济文化重镇新疆，既是丝绸之路时空交汇的核心场域，又是新丝绸之路勾画和延伸的文化传播空间。正基于此，新疆本土主流媒体特别是纸媒，对丝绸之路经济带的聚焦和关注是非常有特色的。本节以《新疆日报》为权威党报范本，以《都市消费晨报》为都市类报纸文本，以 2013 年 9 月为起点铺开时间线，对主流报纸有关丝绸之路经济带宣传报道的特点展开梳理。

一、两报对“丝绸之路经济带”的最初探索

从2013年9月习近平主席在哈萨克斯坦提出共建“丝绸之路经济带”倡议到 2014 年 5 月 28 日、29 日第二次中央新疆工作座谈会举行，这个阶段是“丝绸之路经济带”概念从提出到被公众知晓，再至新疆主流纸媒给予探索式报道和解读、宣传和学习消化的过程。在这个过程中，《新疆日报》表现出一个权威党报的高度政治敏锐性，准确体察到“丝绸之路经济带”这一构想对新疆本身的深刻影响。这种成熟的政治敏锐性还包括三方面：

首先，直接报道“丝绸之路经济带”与新疆本土社会的结合度。这一结合度，首先依靠的是新疆主政者的执政智慧。2013 年 9 月 15 日《新疆日报》A01 要闻版刊发《为建设“丝绸之路经济带”添力 中兴 200 亿元云计算绿色数据中心落户呼图壁》，这是新疆本土主流媒体率先报道新疆与“丝绸之路经济带”相结合的新闻。这则新闻并未过多阐释“云计算”与“丝绸之路经济带”之间的密切关系，而是强调“添力增色”。但从这一视角我们能够看到，这标志着丝绸之路经济带构想在新疆落实和结合的开始。

其次，以拾柴堆火的方式预热“丝绸之路经济带”概念。《新疆日报》先后刊发新华社通稿《传承丝路精神 共创美好明天——记习近平主席出席上海合作组织成员国元首理事会第十三次会议》，并于 2013 年 9 月 26 日 A01 时事要闻版刊发社评《抢抓历史机遇 加快新疆发展》。在第四次全国对口支援新疆工作会议闭幕之际，提出“抢抓历史机遇，加快新疆发展，必须发挥新疆主体作用，主动争取更有利的发展空间。新疆要发

展，自身是主体”，“当好建设丝绸之路经济带的桥头堡、主力军、排头兵”。这也是党报率先以拾柴堆火的方式，强化社会对“丝绸之路经济带”的认知。

最后，以权威解读的方式正面认知“丝绸之路经济带”。2013 年 9 月 30 日《新疆日报》A01 要闻版刊发姚彤《“丝绸之路经济带”为新疆提供新机遇》，该文以饱满的情绪，从历史与今天的时间结合纬度、中国与世界的空间纬度、新思路机遇与新疆建设当下的契机纬度三个方面，阐述了“丝绸之路经济带”为新疆提供新机遇的必然性，即天时、地利、人和形成的“共鸣场”，并指出：共建“丝绸之路经济带”是新疆的重大历史机遇，新疆作为共建“丝绸之路经济带”的高地、桥头堡，在“古丝绸之路”和“丝绸之路经济带”的相互辉映下，必将成为“丝绸之路经济带”最重要的受益区之一。

在这篇文章刊发不久，2013 年 10 月 1 日，《新疆日报》在 A02 要闻版刊发钟秀玲撰写的《当好建设“丝绸之路经济带”排头兵——访自治区发改委主任张春林》。专访较早阐释了新疆在“丝绸之路经济带”中的具体定位，“张春林如此描述：国际能源资源大通道和我国能源资源战略基地、丝绸之路经济带上重要的交通枢纽中心、国际商贸中心、加工制造基地和文化交流融合中心”。

在《新疆日报》敏捷、准确、权威地即时报道“丝绸之路经济带”构想以及与新疆本土政治经济文化深刻结合的同时，作为新疆发行量最大、广告收入最高、综合社会影响力最广泛的都市类报纸，《都市消费晨报》也以市民报特有的政治敏锐性聚焦到了“丝绸之路经济带”新闻上。

在这个阶段，《都市消费晨报》报道也有两大特点：

第一，关注点切口小而具体，话题实在而有效。

第四次全国对口支援新疆工作会议于 2013 年 9 月 23 日至 24 日在北京举行。《都市消费晨报》利用自身优势，第一时间对会议的热词进行了解读，于 2013 年 9 月 29 日刊发刘书成撰写的《新疆共建丝绸之路经济带抓手 走好能源之路 本报专访国际金融论坛城镇化研究中心主任易鹏》。这也是新疆都市类媒体最早就“丝绸之路经济带”构想展开的解读。因为专访对象不是主管官员，而是业界专家，所以本篇专访通俗易懂，提出了很多生动而新颖的概念，对首倡“丝绸之路经济带”的意义和价值，新疆社会经济的潜力和内驱力，以及跨境合作的远景等都有涉及。专访以经济为切入口，涉及多个层面。该文刊发后，引起了广泛好评和重视。

第二，早策划，早布局，强化解读形成规模效应。

《都市消费晨报》虽然在报道“丝绸之路经济带”构想方面不如《新疆日报》那样跟得紧、频次快，但也利用都市类报纸灵活的特点，从 9 月 29 日至 10 月 21 日，推出 7 期访谈类“聚焦丝绸之路经济带”系列报道。这期报道反应快，体现其是在丝绸之路经济带成为 9 月份国内热词后最先启动的报道。在开栏语中问：“从历史沿革与现实选择的角度怎样看待这一构想？实现这一构想的脉络有哪些？”为了解答这一问题，该系列从多个层面请专家给予了专业解读，如《华东师范大学专家王海燕谈丝绸之路经济带效应　一旦打通将联动 30 亿人大市场》《向西开放要有路可走 融入国际需无缝对接　新疆需携手经济带各国建大交通》《路能源唱大戏 新疆从幕后到台前》《上合开发银行促进经济带财金合作》《民心相通助推经济带新疆战略地位》等。

这是新疆本土最早、最全面地从多方位阐释“丝绸之路经济带”构想的一组系列访谈，这组访谈有 4 个特点：

第一，立足当下，立足实际，立足具体。比如在《向西开放要有路可走 融入国际需无缝对接》访谈中，以 2013 年 8 月 22 日兰新铁路第二双线新疆境内最大跨度连续桥梁——达坂城湿地特大桥竣工为切入口，延伸到近年国家加大新疆交通网主干线的建设，以兰新二线为代表的主干线建设极大提升了新疆的物流运输能力，完善了交通网，话题铺开，着重要求释疑的是“目前新疆和中亚各国的交通是怎样的水平”和“建设丝绸之路经济带，新疆如何看待交通建设”这两个母题，有的放矢，言之有物。

第二，专访体现出都市类纸媒的智库水准和智库储备。《都市消费晨报》和社会各个行业专家都有很好的合作，尤其是社会经济学方面的专家。此次新闻访谈策划正好发挥了专家智库学有所专、学有所精的特点，把“丝绸之路经济带”这样宏大的话题细分为各个子问题，让不同领域的专家在自己所擅长的领域内作答，回答得相当精彩，涉足的方向也丰富。

第三，话题设置的能力体现了《都市消费晨报》文化积淀。《都市消费晨报》作为一个市民报，以往是以社会新闻和新闻调查见长的。自 2010 年以来，《都市消费晨报》的解释性新闻不断成熟和成长，尤其是对政治经济文化的抽象概念和复杂现象的解读，不断摸索出自己的方向和特长。话题设置要求以受众心理期许和日常需要为基础，答疑解惑，既不当万能药丸，也不做甩手掌柜，在介入话题和参与意见的适度性和合理性方面，保证导向与倾向的契合和相容。

第四，专访提供了思考的空间，引起公众的关注和兴趣。这一系列专访获得了新疆好新闻奖，究其原因就是它的原创性和首发性。系列访谈给公众提供了思考的空间，用生动的解读让人主动思理解“丝绸之路经济带”构想的丰富内涵。我们也可以这样说，访谈解读提供了钥匙，打开了认知的空间。

从以上我们可以看到《新疆日报》以动态报道及时跟进“丝绸之路经济带”的新闻，强化了权威信息的发布。在解读上，强调宏大叙事所构建的“意义言说”和“权威话语”的特点。从传播脉络上可以看到，《新疆日报》的报道运用党报的话语体系，夯实了宣传的尺度和范畴，确立了报道的准心和口径。而《都市消费晨报》在解读宏大话题时，确立了自己的报道策略，以接地气和受众容易接受的文本，分层次具象解读了“丝绸之路经济带”的内涵价值，以“总—分—总”的报道逻辑，细化了话题设置，在解读中提供了新的内容、新的关注点、新的文本模式、新的解释态度，从而保持了都市类纸媒的自身优势和特色。

二、两报对“丝绸之路经济带”的深度解读

从 2013 年 12 月 13 日开始，《新疆日报》再次发力，以党报特有的雄厚实力调动优势资源，开启了历时半年多、跨地域跨境的大型新闻策划《“共同的丝绸之路——丝绸之路经济带”采访行》。这一系列成为跨 2013 年至 2014 年度新疆新闻界最重要的报道之一。该报组织精干采访小分队深入古丝绸之路沿线省区市及中亚国家进行采访，采访分为新疆、内地、中亚国家三大板块，采取行进式报道和专题性报道相结合的形式，在探寻古丝绸之路辉煌盛景的同时，着力展现今日丝绸之路沿线地区和中亚国家的经济社会文化发展成果及交流合作状况。策划开栏语指出：“以期通过这次跨省、跨国采访活动，较为深入地体察新的发展形势下丝绸之路沿线不同省区、国家经济文化的发展脉络，让更多的新疆人乃至中国人了解邻国国情和双方合作交流的现状和趋势。”该策划

是典型的时空对话之作，也是以对“丝绸之路经济带”进行现场勘察和田间调查的方式，向世人展示党报的新闻传播实力。

该系列报道有五大特点：

第一，典型的文化时空对话之作。“丝绸之路经济带”是对话和交流的平台。《新疆日报》以雄厚的文化积淀、总览全局的视角，借《共同的丝绸之路》展开了时空对话。策划从绿洲丝绸之路进入新疆的第一个节点——哈密开始，然后经吐鲁番、喀什、克州、库车、伊犁、乌鲁木齐，还展开了对中亚国家的报道。记者首先前往阿斯塔纳，然后是阿拉木图、比什凯克、奥什、杜尚别等地。策划 2013 年 12 月 13 日刊发的第一篇是《一头连着大海　一头连着中亚》，“连”是空间上的连接，也是时间上的连绵。文章起笔从哈密巴里坤一个唐代的烽燧开始，以新疆东大门哈密为支点展开采访，扩开了时间和空间的边线。从时间纬度看，由远及近，时间不断推进到今天；从空间纬度看，“哈密是新疆最先受益的地区，成为一头连着东部沿海，一头连着南北疆乃至中亚、西亚、南亚的交通枢纽”。文本呈现的时空交织和穿越的特点，在随后的六七十篇文章中体现得更多。2014 年 7 月 9 日最后刊发的《他们来自新疆》，向世人介绍了在乌兹别克斯坦首都塔什干的维吾尔族人如何通过努力在异国的土地上站稳脚跟，并逐渐融入当地社会的。这也是以时空对话的方式诉说着新丝路上的传奇。

第二，新丝路现场踏勘和田间调查之作。《共同的丝绸之路》系列报道是真正意义上的现场报道，是对当下社会生活的再现，是对新丝路地理路线的一次踏勘和调研，这是此类新闻策划最不容易也最有魅力的方面。跨省采访和跨国采访，在全球化大背景下也许并不为奇，但在网络时代，眼见为实和现场调查却是难能可贵，具有社会学价值。此次系列报道对中亚四国的采访，“是新疆日报有史以来第一次自己组织出国采访活动，开创了报社出国采访的先河。”但实际的意义还远远不止这些。《新疆日报》2014 年 1 月 2 日 A01 要闻版刊发的《百年口岸换新颜》对吐尔尕特口岸采访，我们从文本中看到了这一百年口岸在新的历史时期焕发的蓬勃生机。口岸不但带来财富的交会、新的商机，也带来了新的期待——丝绸之路经济带必将带来对致富梦和双边合作机制的新的升级。现场最能发现新闻，也最能拥有新闻的质感。因为是现场踏勘和调查，所以，感情和理性、观察和思考会自然地相得益彰，相互协调。

第三，人与事互动之作。《共同的丝绸之路》是以地理为主轴的新闻策划，所以，空间文化要强于时间节点，但空间的特点又明确地影响着人和事情的关系。《百年口岸换新颜》中，口岸的发展带动了附近农村劳动力转移。牧民在口岸货场装卸货物，一天下来至少可以赚到300元。2014年1月3日刊发《行走在丝绸之路上的阿图什商人》，“尽管身处偏僻之隅，阿图什商人却并不闭塞，他们凭着鹰一样锐利的眼光，靠着用手比画、用计算器讨价还价，把进货地点扩大到了广州、北京、温州、义乌等地。”“经商的触角伸得越来越远，视野越来越开阔。”2014年1月10日A01要闻版刊发《卡尔罗打造新疆“梦工厂”》，在这个“梦工厂”里，新鲜出炉的高清3D动画电影《江格尔》，以哈萨克族智者阿拜为原型制作的104集动画连续剧，还有《一千零一夜》超高清3D动画连续剧以及相同题材的游戏等各种衍生品。卡尔罗媒体科技有限公司带来的是新丝路上的新媒体特征。人与事的互动中，人变得越来越丰富，不是预设的“单义”和“概念”，而是大时代大事件中突显出的人。事情也因为有了人的存在而变得有人气，有人味，动人心。

第四，文本的丰富价值揭示之作。从现在有据可查的《共同的丝绸之路》60多篇报道来看，几乎每个文本都具备文本的丰富价值。我们可以称之为“新丝路意义群”。首先，在这个意义群里，有对历史的梳理，丝绸之路因何崛起，因何延展，因何沉默。丝绸之路经济因何应时而举，因何立即受到举世瞩目，因何获得广泛认同。这样的思考贯穿策划始终。其次是对空间的观察，丝绸之路经济带已经不是丝绸之路的复制，而是超越，因为这是新的经济全球化时代的课题。所以，记者每到一处，不是简单的地理物候的对应，而是对政治经济文化各个元素的综合考察和衡量，从而让读者拥有文本空间的遐想余地。再次是人和时机时代的关系。人是丝绸之路经济带建设的主角。一切的建设成就，在《共同的丝绸之路》策划中没有以工笔画的方式呈现，而是以大写意、大烘托的方式呈现，而人是这个画卷的灵魂，人在期盼什么，改变什么，行进中的人、探索中的人是故事和新闻的主角。所以，《共同的丝绸之路》是文本丰富价值的揭示之作。

第五，多民族参与合作的诚挚之作。我们还发现，《新疆日报》推出的《共同的丝绸之路》系列报道是各民族共同参与的诚挚之作。2013年11月以来，新疆日报社组织汉族、维吾尔族、哈萨克族记者共同组成丝绸之路经济带采访组，而我们在可见的文本中，就能直接感受到大家共同参与的诚意。

几乎在此同时，《都市消费晨报》也开掘出一种报道丝绸之路经济带核心区建设的方法，那就是当下时兴的图表新闻。在报道好日常新闻的同时，《都市消费晨报》把主要精力投放到图表新闻的探索上。从 2013 年年底到 2014 年 9 月，也就是“丝绸之路经济带”概念提出一周年的时间里，关于丝绸之路经济带的图表新闻有 20 多个版，其中包括 2014 年乌鲁木齐市“两会”、自治区“两会”、全国“两会”中关于丝绸之路经济带的话题设置，以及 2014 年第二次中央新疆工作座谈会上对丝绸之路经济带核心区建设的重要表述。其中的代表作有 2014 年 9 月 2 日 8 版刊发的《新疆站在丝绸之路经济带前沿》，这个版的图表新闻是新疆新闻界率先完整地以图解方式阐述“什么是经济带”“丝绸之路经济带”“建设意义”“五大支柱”“西北五省区定位”。《都市消费晨报》2014 年 8 月 29 日 10 版刊登的“亚欧博览会专题”，主题锁定《三大国家级展会各有特色》，就是以类比的图示方法比较中国-亚欧博览会、中国-东北亚博会、中国-东盟博览会三者的异同，分别从展馆占地面积、内联外贸成绩、组织机构比较、展位特色等方面进行比较。比较型的图表新闻是一种新闻的新视角，是对新闻背景和资料的科学运用。这种比照，既可以纵比，也可以横比，既可以共时性比较，也可以历时性比较，从而强化了新闻内核的复合价值，也强化了亚欧博览会与丝绸之路经济带建设之间的关系。

《新疆愿景》是 2014 年 5 月《都市消费晨报》在一个特刊里尝试主题图使用制图的突破。以往的特刊也会有一些制图，但未能全面引入创意制图，而《新疆愿景》特刊，为了更好地呈现中央新疆工作座谈会以来的变化以及建设丝绸之路经济带核心区的探索和期盼，在这个基础上进行了全面阐释。因此，制图的创意被放到了很高的位置上。制图创意成为《新疆愿景》的最大特色，也为今后特刊图表化奠定了良好的基础。图表化是当前特刊创意的重要突破口，因为制图可以将既有的新闻元素和创意者的主观构思结合在一起，实现新的文本效果，《新疆愿景》的 15 幅制图就达到了这样的效果。比如，再次对丝绸之路经济带进行制图，结合古画卷的色调，标识出丝绸之路的线路，首次展示丝绸之路的古典美和地理标识，这样的尝试达到了特刊应该有的文本质感。

通过一系列尝试,《都市消费晨报》关于丝绸之路经济带建设的图表新闻具备了一些特点：① 盘活数字，让数字说话，让数字有趣，让数据成为新闻。② 疏通结构，生成结构，从而让其转化为可读可接近的符号。图表新闻通过对结构的疏通，实现复杂关系的简明扼要。③ 概念实在化、具象化。丝绸之路经济带建设本身是时空对话的新坐标，我们运用古丝绸之路的形象，在瀚海驼队中呈现兰新二线开通和飞机掠过的剪影，更有效地让抽象概念变得可视而具体。抽象概念如何具象化，这是图表新闻的一个课题。当前，新概念需要落地，需要被公众尤其是非专业人群理解，这就需要概念的实化。实化有很多途径,而最重要的途径还是依靠图像解释。④ 类型的比照，图表新闻还有一个重要作用，那就是：在一个平面上可以凸显不同新闻要素的对比和呼应,我们可以称之为新闻不同元素或类型的比照。历时性的新闻元素和共时性的新闻元素都可以对比，从中看出一种依靠叙事和诉说难以直观显现的变化。

三、两报对“丝绸之路经济带”场域的建设

从 2013 年 9 月习近平总书记提出“丝绸之路经济带”构想，到 2014 年 9 月 1 日第四届中国-亚欧博览会开幕式暨中国-亚欧经济发展合作论坛在新疆举行，国务院副总理汪洋出席论坛并发表题为《开放合作，共建丝绸之路经济带》的讲话。这一年里，新疆以《新疆日报》和《都市消费晨报》为代表的主流报纸以不同的媒体身份和媒体视角展开的宣传报道是非常努力而有效的。

由此我们也可以看到，无论是以《新疆日报》为代表的党报，还是以《都市消费晨报》为范本的都市类报纸，都在合力做好丝绸之路经济带“三个场”的建设。

（1）构建“舆论场”。丝绸之路经济带的概念从提出到落地，到今日的家喻户晓，这个推进过程需要舆论的支持。确立在宣传新丝路方面的新思路，就是要掌握舆论的主导权。丝绸之路经济带构想，对于中国，对于世界，尤其是对于丝路沿线地域和人民，有极大的惠泽，有持久的益处。在舆论上，新疆本地的纸媒要从战略全局着眼，需要从全球背景和中国深化改革这一新契机切入。媒体对“舆论场”的引导，首先靠自己的舆论自觉和舆论艺术，这就要求新疆本土主流纸媒强化“舆论场”构建的能力。

（2）构建“现场”。丝绸之路经济带构想需要公众的理解和接受。提出新的理念，推出更多愿景和利好，都比不过新丝路的现场踏勘和调查。出一万个版，还要行一万里路。在这方面，党报凭借自身优势强化了现场调研和采访的环节，也就是说，凭借百闻不如一见，我们可以看到东起连云港，西至霍尔果斯，再延至中亚、西欧的这一条丝绸之路经济带的恢宏走向；通过记者的亲眼所见、亲身体会，强化了空间置换和空间引力对人的深刻影响？真人和真实空间完全超越了虚拟符号和虚拟空间给人的震撼；通过现场的采访，强化了记者的使命和责任，也强化了报纸对现场新闻的持久关注。

（3）构建“对话场”。从对丝绸之路经济带核心区的宣传报道中，我们可以看到，“对话”成为新的课题和内容。记者通过文本展开时空对话，让历史中的元素展开古今对话，让不同空间元素展开跨域对话。还不止这些，记者与新丝路沿线的人们展开的对话、记者与相关部门执政者的对话、记者与专家的对话形成了一个密集的对话空间，从而推动了对话的机制和对话文化的发展。

从 2014 年 9 月至今，新疆本土主流媒体关于丝绸之路经济带的新闻报道又走上了新的高度，带来了新的收获。丝绸之路经济带从构想转为现实的每一阶段都有新闻媒体的关注和聚焦，它的发展也伴随了新疆本土媒体的成长。

小　结

新疆的城镇化建设与丝绸之路经济带核心区的建设在时空上高度重合，在政治大局上高度吻合。新疆的主流媒体在相关报道中既关心当地民众在城镇化进程中因生活空间变化、身份转变、生活方式变迁产生的心态变化（亟需社会共识的构建），又关注丝绸之路经济带建设的大格局下新疆城镇化进程该如何更有效地推进，因而这些“城镇化报道”既是对当地城镇化建设的重要记录，又是对当地民众有效的舆论引导（及时给民众解读大时代大格局中的新疆城镇化建设与变迁，起到答疑解惑进而凝聚共识的作用），这对新疆在安定团结局面中进行城镇化建设至关重要。

第五章

新疆“城镇化报道”研究专题三——新疆“城镇化报道”的文化解读

第一节　城市：空间的建构与命名的艺术
——浅析新型城镇化和文化命名的深刻影响

说起什么是千古不易的传统，一个就是人类对空间的改造，这是一个永远不变的传统。从女娲补天我们可以看到人对空间重塑的渴望及文化探索。同时，中国上古传说中对“有巢氏”的赞许，也是人类对“所居，安居，乐居”的依恋和珍视。还有一个传统就是对人、万物、空间的命名。命名，是人的社会性和伟大性的文化行为，是连接人与人之间的关系，连接人与空间的关系，创发归属感、拥有感、荣誉感，甚至不朽感、神圣感的重要途径。名字、专名、别称、呼号都是人对他者的认识和关照的体现。《老子》：“道可道，非常道，名可名，非常名。无名天地之始，有名万物之母。”

人因为具有命名的能力而具有人的社会特性和文化本性，人因为具有被命名的命运而具有人的发现和人的存在。人不断要对人自身命名，对他人命名，对实在的主体命名，也会对虚拟的主体命名。人不但对时间命名，也对空间命名。不但对已经存在的空间命名，也会对不存在的空间命名。我们可以说，人是命名和被命名的生命体。

《大传》曰：“名者，人治之大也，可无慎乎！”荀子也说：“故王者之制名，名定而实辨，道行而志通，而慎率民则一焉。”“若有王者起，必将有循于旧名，有作于新名。然而所为有名，与所缘以同异，与制名之枢要，不可不察也。”（《荀子·正名》）这里强调了“正名”的重要性和传统性。同时，他还说，“名无固宜，约之以命，约定俗成谓之宜，异于约则谓之不宜。名无固实，约之以命实，约定俗成谓之实名。”这指出了命名的适宜度的衡量标准，这对我们今天认识命名文化有极大的参考意义。

我们知道，在传统文化中，地名里蕴藏着丰富的文化内涵。“在中国庞大的历史地名家族中，政区地名是大宗，而有些政区地名则昭示着历代的兴衰。封建统治者都希望自己的统治长治久安、政权兴旺发达，所以历史上会产生像东安、西宁、平顺、长治等愿望地名。当帝王的意志或朝廷意图以国号（即朝代名称）与地名紧紧相连的形式表现出来时，便产生了一种特殊的寄寓地名。”①

时至今日，城市建设也存在一个全新的空间改造和空间命名的过程。曼纽尔·卡斯特在《网络社会的崛起》中说，“空间不是社会的反映（reflection），而是社会的表现（expression）。换言之，空间不是社会的拷贝，空间就是社会”②。在这个过程中，文化命名是其中显著的社会关系的连接，也是社会关系的最直接体现之一给空间命名是人类文化活动的主要内容之一，同时，在特定的空间中对人的命名也带着深刻的空间文化的烙印。

当前，我们省略了很多繁复的古代文化命名的做法，私人空间几经改造，几经搬迁，“园名，宅名，屋名，斋名”之类命名已经很少保留下来。其中，“斋号的取名，既反映主人的个性与品性，又关联主人的寄情与爱好。一些治学大家的斋号，往往也是后人识别其本人的别称。主人在命名前，要对斋名内容的雅与俗、深与浅、简与繁、稳与浮作反复推敲。寥寥几字，意义深邃”。(《关于起“斋号”》，客户端《高端艺术人文指向》-10-10），这些传统的空间命名带有强烈的士大夫文人的雅趣和志向的色彩，私人性很强。

进入现代社会，在新型城镇化建设中，空间的命名已经淡化了这样一整套命名文化机制。城市空间命名是一个围绕空间展开的符号系统的重组，也是符号谱系的连接。我们可以在空间命名中看到空间的功能和特性，也可以看到人群面临空间的区隔而自觉归属到自己的角色定位。我们还可以发现，被命名的街道、摩天大楼、园区等具有地理方位的辨

① 华林甫：《古代地名命名的政治因素》，《汉语文化》2016年9月13日。

② 曼纽尔·卡斯特：《网络社会的崛起》，社会科学出版社2003年版，第504页。

识功能，具有方位性，也可以看到每个被命名的空间才是活的空间，是具有生命力的空间，是带着眼睛和灵魂来容纳外在世界的空间。在空间的命名过程中，命名的传统性和更新性既相互排斥又相互妥协，命名的私人性和公共性的较量，最终以公共性、广告性、商业性、功能性被文化记忆所包容而告终。

新型城镇化建设是特殊的空间建设，是在旧的空间和新的空间之间做选择，有时是对旧的空间进行全面的颠覆，有时是对旧的空间进行局部改造。新和旧，辩证地相持着。这一点，在文化命名上也有体现。老地名，没有被新地名所涂抹；新店名，还要靠老店名来挣人气。名字，是一个不容许儿戏的文化符号。命名，更是神圣的事情。所以，伴随新型城镇化建设的，是文化建设，是文化命名建设，是对名字本身的审视，也是对命名背后的力量的审视。

一、新型城镇化建设的命名

新型城镇化的推进，被誉为城市之中人的一次转型，是以人为本的新型城镇化。这无疑是正确的。在这个总的框架中，新型城镇化涉及的内容，新的楼群、新的街区、新的景观、新的园区、新的城市雕塑和城市标识等等，都是需要命名和重新命名的。

我们知道，新型城镇化建设的命名无非是四种情况：

（1）先名后实。也就是先通过城市规划对某个区域、空间、场域进行名字，名字“先导”，从而确立一定空间的功能范围和角色定位。这种命名一般是未来式的、目标式的命名，还是一个名号的空壳，需要实际的内容填充。这就需要城市规划者在命名的过程中具有全局的意识。名字，成为“搭台子”和建构性文化因素的关键。比如“经济特区”，比如“产业园”“创新园”，这些命名对于每个人而言都是新的名字、新鲜事物。但这个事物在人的生活中，在社会整体架构中，都具有“预设性”的功能。预设性是通过空间的功能和职能赋予的，产生预支的势力范围，从而具有“愿景”或“远景”的文化价值和社会功能。

（2）先实后名。这种一般是既有空间的职能定向和文化定位发生变化出现的情况。比如一家有名的商场，因为经营不善，最终被兼并。它的名称也会改换。一个城市的进步，一面是城市物质建设的不断改观，一面是一批又一批的名字诞生和消失。这里会产生很奇特的效应：旧的空间获得新的名字，新的空间仍然沿用旧的名字。在新型城镇化建设中，总是会产生这样的矛盾，一方面是群众以习以为常的称呼来称谓新的空间，一方面是旧的空间在新的称谓中面目不清。先实后名，是对既有空间的再命名。这种命名是对“城市记忆”的挑战，是对“城市符号”的翻新，是对“城市文化习惯”的挣脱。

（3）名实并举。新型城镇化建设中一般存在的情况是，一个实物对应一个名字，名实共生，名实共举。这种情况昭示着新型城镇化建设的具体成果。新的名字、新的空间之间有共时性对应，呈现出新型城镇化建设中空间生产的符号化。

名实共举的新型城镇化建设，体现出现代文化中浓郁的共时性文化色彩。“快捷”和“效率”最能体现新型城镇化建设的时间状态，在新型城镇化建设中，名与实的状态，不再要求一个漫长的过程，尤其是“显名”的过程。在命名之后，马上产生扬名的效果，从而使新的空间和新的建筑融入社会整体之中去。如果一个新生产的空间，比如一个游乐园、商场、超市、建筑群、社区、产业园建成之后，长期处于蛰伏状态，那么在命名失效之后的无名，则会对这个新的空间和场域的生存和未来造成极大的威胁。

及时地让名字获得公众的注意，获得社会的容纳和接受，成功进入社会发展和社会运转的流程中，这不但是新的空间生产的重要目标，也是对空间生产者的智慧和能力的考验。共时性的新型城镇化，把名字和实体之间的对应放到一个高速的同步的体系里，这是受城市发展战略逻辑制约的。同步，说明了命名者和空间生产者之间的合作是同步的，两者对名实合一的可能性是自信的。

（4）名实同去。新型城镇化建设要对旧的空间结构和区划进行重新组织和重新调整，这势必要对旧有的空间进行去除化。比如，各个城市的棚户区改造中，一个“拆”字就表明了一个空间、一个建筑物的生命走到了尽头。而与这个空间和建筑物密切关联的“旧名”也会随之变为“新名”。一般情况下，旧空间的改造和去除，对于人的城市记忆和文化情怀的影响是不言而喻的。很多文学作品如《龙须沟》《万家灯火》《夕照街》等都涉及这样的主题。新闻作品，尤其是在重大工程上马，新的空间规划已经提上日程的时候，都会产生对旧的建筑物、旧的空间的文化留恋。比如乌鲁木齐“南门地下街”的退席、大西门天桥的退席、红山商场的退席、新疆大学红楼的退席等，在这 20 多年里不断唤起文化的记忆，实物已“瓦解”，名字还在时空中不断延宕。

空间的改造和去除，或者说空间的废墟化和瓦砾化，都是为新的空间生产和规划做出的铺垫。在新的建筑物和新的空间诞生之前，这段时间空当里，空间文化会处于极其复杂的结构组织和情感表达的状态。所以，新型城镇化建设并不是一个终结的状态，它表达的正好是就这样复杂的状态，在新旧更替之间、在旧有空间的痕迹和新的空间建构之间交错、交互、交流。

所以，从以上论述我们可以看到，名与实之间的关系是有生命性的，是通过命名机制把名字、名号、称呼与新的空间、新的建筑、新的场域联系在一起的。无论两者之间是同步的还是非同步的，二者之间的关系折射到社会生活和城市文化中，都会产生极其丰富的对应。

其中最值得我们关注的就是城市记忆。城市记忆，有私人性的，也有公共性的，有官方权威机构“归档的”，也有都市媒体“记录的”。在这一系列城市记忆中，媒体的介入是最多、最频繁的。新型城镇化建设通过媒体视野来呈现步骤，城市记忆也通过媒体的记录一点点地拼装成一幅城市的图景。

二、城市空间的命名

在传统社会中，命名是极其神圣的事情，需要有严格或苛刻的命名机制来完成。命名方式也具有极强的时代特色和文化特色。其余不赘述，对空间的命名，包括县乡州郡这些重要地理名称的命名，对重要建筑的命名，对名山大川的命名，都需要用非常复杂和严格的命名方式来完成。其中，对重要建筑的命名，比如摘星台、阿房宫、未央宫、太和殿等，以及岳阳楼、黄鹤楼、醉翁亭等，名字不但是对建筑的指称，而且具有深邃的历史文化含义。

新型城镇化建设要对不同空间进行新的生产，势必对这些空间或场域进行重新命名。当前，命名的方式发生了变化，其中最大的变化就是新型媒体参与命名，我们称之为网名。

现代式的文化命名，当然主要集中于社会的权威部门和机构中，尤其是对地名、街名、楼名的命名，不可能由个人来完成。在古代社会，很多建筑需要文人骚客来命名。自家建设的庭院，既可以自我命名，以明志趣，也可邀请名人给予命名，从而名达天下。而现代城市，对一切空间，首先要统一命名，对街道、院落、社区、商场、门牌号等，要运用一定规则给予命名。去私人性的文化命名，更多体现的不是个人志趣，而是公共性和权威控制力。

即便店铺和商场都是由商家自行命名，但这些命名仍必须由相关部门认定，作为城市标识性建筑，更要满足整个社会对命名的认可。所以，在现代社会和现代城市，空间命名不仅是公共性的文化，更是满足公共性存在的文化产物。

在城市文化中，命名是一个内涵极其丰富、极其复杂的文化机制。但城市各个空间，或大多数空间（也有一些空间的命名是暧昧的、模糊的或人为遗忘的）都是由权威部门直接或间接给予命名，使之得以以“有名有姓”的存在在社会整体运行中得以合法化。而在当前的新媒体时代，媒体对城市的命名起到了特殊的作用。新型城镇化建设加上新媒体时代，势必会使文化命名的形式产生新的变化。

首先，“借用”式命名。

城市的文化命名离不开媒体，媒体成为城市文化空间命名重要的参与者、经手人、代理人。媒体本来就具有为新闻事件、新闻人物、新闻现象“命名和重新命名”的文化功能。媒体乐于对这些事件、人物和现象进行价值上、意义上、阶段性的认识和提炼，使之得到高度概括的“命名”。在这个命名机制中，我们发现，文化命名不是随意性的、偶然性的，而是媒体参与社会发展的主动行为和必然行为。对新闻事件、新闻人物、新闻现象的命名，凸显了媒体的价值判断和价值推荐。

在新媒体时代，官方媒体和自媒体的命名机制开始发生分流，也就是说，命名的行为，扩大到自媒体的范围内。自媒体和官方媒体之间的价值标准和文化选择，有一致的一面，也有很大的差异。命名的标准和方式也有很明显的区别。

对新型城镇化建设，新疆的主流媒体的命名有比较明显的地域特色和时代特色：

（1）口口相传式的命名。

对权威部门的命名，比如，特色小镇、特色产业园、特色街道、特色公园等，这些空间的命名，都不是由媒体自发命名的，而是由相关部门筛选、甄别、命名、推荐的。乌鲁木齐市的“田字路”工程、“新疆大巴扎步行街”“馕文化产业园”等命名，就是这个方面的实践。媒体借用这些命名，表示对这些空间命名的认同，从而形成口口相传之势，扩大了命名的知晓度和传播率。《新疆日报》刊发的《新疆天山北坡打造中国最西城市群》（2016 年 3 月 10 日），就是运用权威部门的表述，对“中国最西城市群”这一概念进行全面阐释和命名的。文中指出：“天山北坡城市群的建设，与天山北坡经济带相辅相成。经过一段时期的建设，目前天山北坡经济带无论是城市数量、规模，还是经济总量、产业协同发展，都有了很好的基础。国家‘十三五’时期将天山北坡城市群作为重点来打造是很好的机遇，我们应该把握住机会趁势而上，有所作为。”

（2）“解释”式命名。

主流媒体具有对新闻事件和新闻现象命名的能力和权威地位，也有相关的命名机制和传统。而对应的命名，一般都是以文字符号的形式呈现的。空间命名是一个相对突出的命名方式，比如主流媒体为“旅游兴疆”开辟的专栏“新疆是个好地方”“云游新疆”，就是对整个旅游产业大发展的命名。栏目、版面、标题，一系列新闻报道的传统手段就是对新闻事实的命名和再命名。比如，《都市消费晨报》对新型城镇化建设的报道，从 2013 年开始开设了“新型城镇化建设在新疆”“魅力小镇”，《新疆日报》“城镇建设新画卷”（2015 年 09 月 27 日）专版。同时，主流媒体对新型城镇化建设的相关关键词赋有解释诠释职责。什么是新型城镇化，和以往的城镇化有什么不同，新型城镇化包括哪些内容，这些新闻报道用事实、用社评、用专家解读强化了通过深入解释进行“命名”的机制。这也是新闻媒体特有的命名方式。

天山网《新型城镇化时代的楼宇经济开启房企转型升级新篇章》（2013-12-25）一文就阐释了新型城镇化与楼宇经济之间的关系，“新型城镇化时代的楼宇经济不再是简单的以数量复制、工业生产的建筑体，更多的是对社会资源的有效利用。”

《新疆日报》第 2018 年 7 月 31 日刊发《吐鲁番：建田园城市做生态文章》（A06 版-今日看点）围绕“田园城市”这个关键词，全面介绍了吐鲁番在推进新型城镇化建设中，强化生态意识，搞好生态环境，使“田园城市”这一称谓名副其实的举措。

（3）数据式命名。

我们进入大数据时代，数据本身就是一种资源和资本，数据更是一种身份和角色的象征，从某种意义上说，大数据也是一种命名。“用数据说话”所透露出的趋向和特征，变化和流动，表征和本质，都是对事物的一种全新的命名。媒体是最爱用数据说话的，也是最爱用数据来命名的。比如，“最多，最大，最新”，都需要数据支持，而这些数据一般由统计局掌握，但在媒体手中，就会转变成“神奇的话题”，变成一种特殊的视窗。新型城镇化在媒体的话语体系中，不但有外观的描述，还有数据的累积，每个工程、每个建筑的建构，每个园区的经济量等，无不依靠大数据的支持。数据成为文化空间的一面墙、地基和天花板，数据对城市再一次塑形，再一次定型。

中新网 2017 年 11 月 10 日刊发的《国家新型城镇化大数据平台汇聚 5.82 亿条数据》一文指出，国家新型城镇化大数据平台已经初步搭建起来，该平台汇聚了约 1370 个指标、5.82 亿条数据、625 个专题，数据跨度从 1950 年到 2016 年，分析结果初步发挥了辅助决策的作用，并可为政学研产各界开展新型城镇化研究提供重要的数据支撑。

诚如《经济日报》2017 年 12 月 15 日刊发的《大数据的价值在于应用》指出，大数据，就是存储在各种存储介质中的海量的各种形态数据，具有 5V 特点，即 Volume（大量）、Velocity（高速）、Variety（多样）、Value（价值密度）、Veracity（真实性）。大数据之“大”，不仅在于其“大容量”，更在于其“大价值”，并已成为除人力、土地、财务、技术之外的另一种重要的资源。

“建设现代化经济体系离不开大数据发展和应用。构建以数据为关键要素的数字经济，就要着力推动实体经济和数字经济融合发展，让大数据成为建设现代化经济体系的重要基石。”

人民网推出的《大数据看十八大以来成就：“一带一路”篇》（2017-09-30）就是一个很好的例子。文中介绍，“一带一路”对外传播话语体系的构建，不仅是基于全球舆论格局中共建“一带一路”国家谋求话语权的需求，也是“一带一路”倡议自身扩大在全球传播的需求。自 2016 年至今，中国媒体涉“一带一路”相关英文报道超 1 万篇。其中，2016 年全年中国媒体涉“一带一路”议题英文报道总量约 4535 篇，月均报道量 378 篇左右。2017 年上半年报道量达 5363 篇，月均报道量超 890 篇，报道量大幅提升。新华网、《中国日报》、人民网、环球网、中国网、中国经济网等英文频道在“一带一路”对外传播方面发挥了重要作用。

数据分析，数据直接呈现，让我们对事物有更全面的认知。

比如《新疆日报》《城镇化建设让生活更美好》(2014 年 12 月 23 日) 一文中说：“ 今年 (2014 年) 7 月,《新疆城镇体系规划 (2014—2030)》经国务院同意，由住房城乡建设部批复同意实施。推进新疆城镇化建设从此有了“抓手”。《奎独乌区域城镇协调发展规划》编制工作启动，上海同济城市规划设计研究院已完成初步方案，并通过评审；石河子市、玛纳斯县总体规划对接协调会议加强了相邻区域规划的协调；完成了《新疆新型城镇化发展研究》课题编写工作；编写了《关于加快推进新疆新型城镇化发展的指导意见》。目前，全区 12 个地州城镇体系规划和 24 个城市、68 个县城、785 个镇 (乡、场) 总体规划和 8839 个村规划编制工作已全部完成，农村规划发展蓝图已初步形成。”我们完全可以看到一个由数据勾勒出来的“新疆新型城镇化的蓝图”，这是一次庄重的规划，也是一次由大数据支撑的文化命名。

主流媒体的“命名”机制保证了新型城镇化建设，不仅是一种物质性建设，也是一种话语建设，是一种文化建设。通过命名，让新的空间为人熟悉，为人知晓，为人接受。让空间和空间的名字在社会整体运行中流动无碍。新型城镇化建设不但生成一批新的建筑、新的空间、新的奇观、新的区域，也生成了一批新的名字、新的文化符号、新的审美、新的互动。

在这方面，自媒体的作用似乎更日常化。新型城镇化建设最直接作用于每个市民的生活。在自媒体时代，一个平凡的市民对新型城镇化建设的直观感受，对每一处奇观、每一次特色小镇的游历、每一次城市间的穿行，都会有自媒体的相伴。而自媒体对每一处空间生产的描绘，既是一次次记录和见证，又是一次次命名。这方面也体现出了自媒体和机构媒体命名方式的不同。

(1) 碎片式命名。

和机构媒体对新型城镇化总结性、概括性、全局性、战略性的命名不一样，自媒体的命名往往针对的是新型城镇化的细节，是一个片段、一个视窗、一个兴趣点的命名。这样的命名是碎片化的，也是日常化的。不需要格外准备，话语修辞和传播仪式也不需要格外着重。

《都市消费晨报》2018 年 9 月 9 日刊发《中山大学女生游新疆阿合奇写出热门文章，想留下不走了》介绍了 2018 年 9 月 7 日中山大学资讯管理学院大二学生高凤至的文章《阿合奇纪行》被新华网等国内门户网站转载，赢得众多网友点赞。这篇文章是从私人性的文化旅游角度，对阿合奇县城今日之美、今日之变进行直观感受和描述。在阿合奇县，她走了四个村子，村民的精神面貌也给她留下了很好的印象。“在村民家里，女主人总是精致整洁，衣服颜色鲜亮，头发梳得整整齐齐，画着淡妆，面对客人很热情大方，家务事做得井井有条。”文章最后，作者写道：“新疆是我向往的地方，更是我牵挂的地方。”这种抒情方式表达自己的感受，也进行了私人性的文化命名“向往的地方，牵挂的地方”。这是油然而生的感情，也是水到渠成的深情。

自媒体的碎片式命名虽然随机，看似无序，话语并不精巧极致，但往往是个人的真切感受、心灵的获得和感悟。所以，虽然是碎片，但也是吉光片羽，是珍贵的文化图谱中不可或缺的一部分，是整个命名体系中非常重要的一部分。

（2）图像式命名。

从文字中心转移到图像中心，是新媒体时代的重要现象。自媒体往往对图像非常重视，或者说迷恋式的重视。以往的命名，多数以文字符号命名的方式呈现。进入新的时代，图像也成为文化命名的一部分。微博、微信、短视频都是新的传播方式，每个新媒体方式都有自身的传播特点，但其共性就是对图像的高度利用和开发。

图像是当前最复杂的文化产品，短视频是一种样态，动图又是一种样态，漫画图、手绘图、数据制图又是一种样态。每种图像，都代表自媒体持有者的文化选择和文化趣味。比如短视频，它截取了现场一个很短时间段的影像素材，即便视角不准确，技术不娴熟，但对新闻现场而言，是重要的佐证和“窥视”。这样的观察和记录，介乎敞开和遮蔽之间，这样的视觉效果介乎放大和缩小事实的价值和影响之间。

所以，以图像形式对事物给予命名是一种新的尝试，也是一种新的解构。以往用文字来命名，如今用图像来命名。文字命名，主要为了称呼和指认，并在名与实之间建立一座交互的桥梁。图像命名，强化了对事实的记忆和价值判断，通过视觉认证名与实之间的关系。

比如在 2018 年，《都市消费晨报》的亚心视频部门独立制作发布各类视频 400 余条，平均每月 66 条；主导及配合开展各类直播 119 场次。据不完全统计，直播总播放量超过 1.1 亿人次，其中单场直播最高播放量超过 7800 万人次；部门于 6 月 18 日开通的抖音账号到目前已发布微视频 97 条，总播放量超过 6389 万人次，总点赞量 240 万人次，拥有粉丝 7.1 万人。《航拍给你看：新疆鄯善沙山脚下种稻子》《端午佳节看龙舟竞速博斯腾湖》《我以为火星通了公路 原来这里是新疆独库南线风景》《牧民帕他尔的蓝天梦》《来认识一下新疆“色买提”大叔和他的色买提杏》《自驾独库到伊犁感觉一天太短 蹲守尼勒克拍到美丽星空》等一大批高质量的图片及短视频作品获得广泛点赞、转发。展现同时，重点工程施工现场的《横跨乌奎高速 看 4300 吨铁路桥 55° “转体穿针”》《跨越 100 个天池！看新疆跨度最长的铁路桥合龙》直播，这些作品拍摄手法多样，充分利用了无人机、运动相机、摄像机等多种表达手段，后期精细剪辑，内容生动丰富，知识性强，视觉效果突出。

记住一个名字很难，但记一个图像很容易。图像作为文化记忆，更容易支撑和丰富一个文化符号的内容和意义。图像反映出的审美价值和文化价值都是直接的，是具有形象的。眼见为实，成为名与实对应和关联的重要途径。

（3）交互式命名。

主流媒体对新闻事件、新闻现场、新闻人物、新闻现象的命名，多数是单向的，具有权威发布的特点。而新媒体尤其是自媒体，对这些人与事的命名，是交互完成、协助完成的，是在相互刺激、相互追逐、相互接续、相互修正的状态下完成的。这种文化命名的现象，更多的是对人与事的集体性审视和认定。所以，在网民以网名为面具，用各种话语进行的表达中，最终对人与事完的成文化命名不是私人性的，也不是权威机构性的，是集体性的、群落性的、文化圈性的。

比如，《都市消费晨报》2018 年 8 月 21 日刊发的《段奕宏回“家”拍纪录片，化身“导游”推荐新疆美景！》介绍了段奕宏回到家乡伊宁拍摄纪录片《归去来兮：段奕宏》。“这个纪录片目前在网上的播放量已近千万，网友们除了感慨他对梦想的坚持，也把更多的赞美送给大美新疆，而段奕宏此次的回乡之旅，也被他用一张张照片记录下来，发布在自己的微博，并且频频与网友互动，不遗余力地宣传家乡。”

“大美新疆”就是在交互式的活动中不断发酵和升华，在网民中获得认同。这一命名，不是灌输式完成的，而是在交互中得出的。

《都市消费晨报》2018 年 8 月 6 日刊发了《在新疆这个隐匿在大山中的画家村 被画家称为“世外桃源”》。世外桃源是一种文化命名。当地干部说，近年来，为了让文化艺术与新地乡的自然资源进一步融合，新地乡着力打造“云中花海、画廊新地、生态之乡”及“全疆著名绘画写生基地”等品牌，将发展旅游文化产业作为重点，努力推进“经济发展，生态良好，生活宽裕”的旅游文化之乡建设。

这是官方的文化定位和命名。位于新疆天山脚下的吉木萨尔县新地乡小分子村，吸引了不少疆内外画家慕名前来创作写生。近些年来，全村 20 多户村民开办农家乐、农家画院，每年接待超过 5000 名全国各地的画家和学生，“画家村”的称谓慢慢被叫开，名气也越来越大。画家由衷地说：“这里是激发灵感的富矿，更是让人放松身心抛开世俗烦恼的‘世外桃源’。”

这也是一种交互式的命名，相互补充、相互验证，最终获得一种新的定位和角色。

三、命名的文化意义

我们在讨论新型城镇化建设的命名现象时必须重视一个问题，那就是命名的文化性问题，也就是以何命名的问题。

一个空间的命名，最终是要人来传播、称谓、指称的。所以，从修辞上讲，名字既要符合主流价值，又要符合文化审美取向；既要朗朗上口，又要耳目一新。城市空间，包括店铺、园区、建筑物、游园、街道、景观等名字既要有时代特色，又要有地域特色；既要有文化的共性，又要有文化的个性。所以，新型城镇化不是建一片城区、一片楼群、多个建筑那么简单，而是一个复杂的文化建设工程。

前一段时期，很多新建小区和街前店面非常喜欢用欧式的名字来命名。因为有不同文化背景，市民对很多洋气的空间命名，不明就里，莫名其妙，造成很大的误读。

最近一段时间，空间生产者和文化命名者越来越注意新生空间的文化价值与国情、世情、人情相适应。中华文化作为诗意文化的宝藏，能够为对文化命名提供取之不尽的灵感。

中华文化是中国新型城镇化过程文化命名总的框架、总的文化基调、总的文化情趣、总的文化审美取向。但中华文化不是一个随意截取就能装点门面的文化，因为文化内涵极其深刻，而且又有新的时代因素。所以，文化命名具有传统性和现代性的合一，这就要求新型城镇化建设中的，空间命名和文化构建要深刻理解中华文化，取其精华，活学化用，使得文化命名和文化构建既不泥古，又非标新，而是保证了中华文化“中和之美”。

伴随新疆的新型城镇化建设，一大批新的空间命名和文化建设涌现。新疆有特殊的地名文化，这些文化资源如何被新型城镇化文化建设所吸收、所运用，这是一个课题。

在现代社会，媒体是不能忽视的文化力量，新型城镇化建设的重要内容、重要故事、重要新闻都会通过媒体反映。新型城镇化的图景、媒体视角与市民直观视角的内容有一致的部分，也有不一致的部分。当前，“共识”和“视差”之间的关系越来越影响社会文化的“整体性”。媒体是保证这种整体性的重要力量，所以，媒体必须以真实客观的态度，诚实地对待这个社会的变化。

也可以这样说，新型城镇化过程是在媒体化的视野中展开的，所以，媒体对这一进程的关注，包括对新空间、新场域、新标识、新景观、新园区的命名都是空前积极的，是媒体介入社会的重要手段。这样的过程，如果辩证地看待，我们会发现，媒体所关注的新型城镇化建设的空间命名是有选择性的，不会面面俱到。这种选择性命名由什么因素影响，造成什么效应，都是非常深刻的问题，值得不断研究。

第二节　新型城镇化建设中城市景观分析：文化表达、文化名片、文化创新

新型城镇化建设对于城市形象升级而言，也是有现实意义和象征意义的。城市，是一个生命体，在新旧交替之中，发现时间的伟力，也发现空间性再生和更新的可能性。

几乎每个城市都在由城市化向新城市化转型，一个负载一切社会功能的“巨灵”，高楼林立，星罗棋布，蜘蛛网一样的街道，人流潮汐，

嘈杂和喧哗，一切现代城市文明的器物，都在城市的“魔法”矩阵中，异乎寻常，改头换面，幻化无穷。而最让人直观感受到的是一个城市的特质景观。

“人类的精神思想是在城市环境中逐渐形成的，反过来，城市的形式又界定着人类的精神思想；因为空间——像时间一样——同样在城市环境中被艺术化地予以重新安排着。”①

我们知道，在想象力匮乏和文化创造软弱无力的时候，城市景观一般会趋同。景观存在的问题是有共性的，主要表现在五方面：① 用楼高说话，摩天大楼的顶天立地，似乎是建筑物想象力的天花板。② 休闲园林，这里本来是风格的流溢之处，但一般城市的游园都如此类似，在中式风格的基础上掺杂欧式风格，导致风格的模糊性。③ 街道的景观设计被有限的灌木和花卉品种所点缀，灌木和花境成为园艺水准的试金石。灌木和花境，也成为城市街景的难点。④ 城市的功能区，在东南西北的地理区域中，被商住区、百货区、学院区、办公区、医院区、交通枢纽区等混杂揉合。城市的风格总是在每个区域的明显边界划分中，变得“方位和地位”明确，场域之间接合又相异。⑤ 城市的景观，和周围的环境融合度不强，突兀感太甚。景观成为耀眼的存在，是“别有天地”，失去了景观本身的“粘合”效应。

新疆的大城市注意自己的景观设置和文化图景，这也是一个渐进的过程。

在1999年，新疆《都市消费晨报》在创刊第一期就刊发了《乌鲁木齐市呼唤新八景》，对乌鲁木齐市这样一个现代化大城市所具有的标识性景观进行盘点，也大胆构想了新景观的可能性。

事过20年，我们再细读这篇文化新闻，感受到了一个都市媒体在都市进程中，自觉地关注城市建设的核心问题：高楼大厦的雷同、建筑的无个性，那些诗意的、剩余不多的文化孵化性质的景观，会不会随之湮灭，或从而诞生一批新的城市景观？

刘易斯·芒福德说过：“城市，一个最核心、最重要的事实是，城市，作为一种社会器官，通过它的运行职能实现着社会的转化进程。城市积累着、包含着本地区的人文遗产，同时又以某种形式、某种程度融会了

① 刘易斯·芒福德：《刘易斯·芒福德著作精粹》，中国建筑工业出版社2010年版，第131页。

更大范围的文化遗产——包括一个地域，一个国度，一个种族，一种宗教，乃至全人类的文化遗产。”①

20年的城市建设，对于新疆乌鲁木齐，这个被历史和现实多重关注的城市，她的景观发生了历史性的变化，而这些变化，不仅能说明新型城镇化建设是一条必由之路，也说明城市美学需要深度开掘，城市文化需要全新建构，这些都是城市发展的远见和明智之选。

一、城市景观的文化表达

城市景观是一个城市的文化表达。“城市景观已经构成当今最重要的审美文化之一，和历史上所有挂在墙上、放在画廊里的艺术品不同的是，城市景观是在更广阔和开放的空间里，可以用视觉观赏、用嗅觉呼吸、用听觉聆听、用触觉触摸的可参与的公共艺术和立体文化，值得格外重视。建立和发展城市景观美学，帮助人们准确地定位城市个性，结合原生态的地理环境和特定的历史文化传统，正确地处理人与自然的关系，让城市无论是在物质还是精神层面上，都真正成为人们依恋的诗意栖居的家园。”②

如果要了解新疆的城市建设，可以以乌鲁木齐的城市建设为窗口。因为，乌鲁木齐是一个地位特殊的文本。我们要分析文本，总要寻找典型性的文本、复杂性的文本，乌鲁木齐就是这样的文本。

乌鲁木齐有深厚的文化底蕴。这种底蕴，不会自己言说，因为她是以器物呈现，以建筑呈现，以文化记忆呈现，以媒体符号储存呈现的。一个城市想要表达，需要的就是“景观的讲述”。

一个特殊的例证就是位于乌鲁木齐河滩路上的西大桥，从容易泛滥的季节性河流上的木桥，到20世纪90年代的铁桥，到如今宏伟壮丽的石桥，西大桥成为乌鲁木齐文化的积淀层，河滩无水无波，但每天车水马龙。西大桥上玉色栏杆，庄严雅致，便于人驻足凭栏。而最让人唏嘘不已的是，在西大桥桥头，曾有乌鲁木齐最知名的雕塑——“长桥饮马”。桥，人，雕塑，远景，近景，五者相得益彰，衬出城市的

① 刘易斯·芒福德:《刘易斯·芒福德著作精粹》，中国建筑工业出版社2010年版，第133页。

② 《何谓城市景观美学？》，微信公众号“城市学ABC | 城市怎么办”。

特色和风韵。

当长桥饮马被移走，西大桥桥头就让四座神兽把守了。

所以，一个城市的文化表达，就像我们每个人在对话时所说的话，无论精心准备，还是漫不经心；无论是滔滔不绝，还是沉默是金，言说，是一个城市表达的欲望和本能。

而一个城市想要表达的，无论多么丰富和深刻，都需要让人记住，让人接受，让人传播。在乌鲁木齐传统的几个大型园林中，水上乐园、红山公园、植物园、人民公园、水磨沟公园都是传统的“景点”，是城市“山水之言语，自然之应答”，但它们都不属于景观。

景观首先是城市的再造品，是城市符号组装的空间，有人把时代广场、曼哈顿街头、迪士尼游乐园称为景观，就是这个原因。山水花草是自然的一部分，也是城市的一部分，它们既是城市的自然生机，又是城市符号的“破译者”。景观是与大自然给予的原生态符号相背离的，它诠释的是城市制造的空间文化，是电、光、力的三位一体，是商业性和文化性的和鸾。

乌鲁木齐的靓化工程就是一种新型的文化表达。《新疆日报》2018年4月6日A02版刊发的《让靓化示范街颜值更高》一文中介绍：2017年乌鲁木齐市天山区实施靓化工程以来，一街一景致、一步一景观，充满老城复古气息，却又不失时尚元素的光明路、建设路、文艺路、民主路、人民电影院周边等靓化街区受到市民的赞许。现在的乌鲁木齐通过城市景观建设，凸显绿化和美化的效果，正在朝向灌木组团和花境的“审美空间”升级。

靓化工程之所以成为媒体和公众关注的焦点，就在于，靓化是一次美学的尝试和创造。它不是对城市风格和形象颠覆性的改造，也不是对城市全景式“文化翻耕”和“符号播撒”，而是对城市进行“特色”的研究，是个性的塑造。还是《新疆日报》第2018年3月3日A03版报道，《乌鲁木齐：让改革发展成果惠及各族群众》一文提道：“1730余万平方米老城区改造征收任务，29个重点改造片区征收工作已全部完成。随着居住环境的改善，以建筑节能保温为主的靓化工程示范街区整治工作也完成了50条街区、1721栋建筑外立面改造和靓化提升。”有的媒体称之为给城市一个“俏模样”。

以往的城市建设是“拔地而起，从无到有”，是奠基，是基础性的建设。新时代里，城市的建设是关乎宜居，靓化、美化、绿化、关乎智能化、服务化、人文化的建设。也就是说，城市的建筑不再简单地是一个个房子，而是一个个舒适的、情感牵连的家。

靓化工程对乌鲁木齐的城市形象和城市文化定位有着广泛的影响。我们还不能说，眼前的乌鲁木齐就是定型的城市，它的风格就这样固化了。但，依循这样的思路，对于乌鲁木齐的城市文化表达而言，靓化工程对提升城市品质、形成城市风格不无裨益。“靓化’就是让这个城市尽量不深陷在嘈杂和无序中，不深陷在城市病中，不深陷在老态和疲态中，而在靓化工程中呈现朝气蓬勃的样态，呈现清风精美气韵，摆脱城市建筑的粗陋和雷同，摆脱城市符号的空壳和失语困境。

把靓化工程延伸到景观制造，这也是最近几年的文化探索。显著的就是《都市消费晨报》2018 年 12 月 27 日报道的《新疆国际会展中心花灯展、灯光秀美爆了》一文介绍，2018 年 12 月 30 日，2019 年乌鲁木齐迎春冰雕花灯展将在新疆国际会展中心广场举行，同时开展的还有“明月出天山”主题灯光秀。流光溢彩的各式花灯、光影变幻炫目的灯光秀为乌鲁木齐带来一场独特的视觉体验。

此次花灯展总建设面积 3.3 万平方米，花灯展区分为东西两个主题，西侧广场为迎春纳福区，放置了“龙凤呈祥门”“梦幻中国红”“龙腾盛世”“花开富贵”等大小主题花灯 34 组；东侧广场为欢乐儿童区，放置“冰雪女王”“熊出没”“小猪佩奇”“功夫熊猫”等 26 组。仿冰雕区则位于会展中心迎宾区，打造了长城、箭楼以及“二龙戏珠”两组造型。

这次灯展的文化价值显著，在光和电的辉映之中，祥和而安定的新疆呈现出无穷的魅力。这里，不仅有大山大河，不仅有雪山草原，这里也一样有城市的景观，一个人造之境，一个充满现代符号的空间。这种文化的表达，对于丝绸之路经济带核心区的乌鲁木齐而言，是自信的表达；对于边疆的乌鲁木齐而言，是全新的表达；对于靓化工程和新型城镇化进程中的乌鲁木齐而言，是幸福的表达。

《都市消费晨报》新媒体 2018 年 10 月 1 日推出的《“我爱你中国”灯光秀 新疆靓了红山“红”了》直播成为国庆期间的重头戏，直播场景分为两条线，分别展现了乌鲁木齐地标性景点红山和国际大巴扎的灯光秀情况及乌鲁木齐国庆节日氛围、现代城市发展面貌、社会安定团结情况。

其中，红山场景主要是同灯光秀设计者一起了解灯光秀安装布置、设计内涵，红山作为乌鲁木齐地标的历史背景以及乌鲁木齐近年来的城市变迁等。大巴扎分镜头直播场景则重点展现了国庆期间的欢乐祥和气氛以及媒体同手工艺人、游客交流切磋等场面，反映了新疆的和谐稳定。两个场景结合央视航拍的乌鲁木齐市夜景灯光画面，画面层次感较强。该直播在国庆节期间央视连线红山现场的直播节目之后播出，取得了过40万人次的播放量。

城市之新与城市之旧，城市之魂与城市之气，都是在表达中完成的。

二、城市的景观的文化名片

一个城市有一个城市的性格，一个城市有一个城市的样态。

从口口相传的时代到新媒体即时传播的时代，一个城市的故事、一个城市的名声，都是张着透明的翅膀，飞向四方。所以，一个城市的名片，是宣传介绍城市形象的最好途径。城市的景观往往具有这样的功能。

景观，在有的译本里，被译成奇观。奇观，对景观特征的概括似乎更贴切。首先是奇特，此景非凡景，非寻常的景致，它具有异乎寻常的特点，从历时性的角度看，是视觉的第一次冲击、一种新奇感、一种从未见识的存在。从共时性的角度看，它卓尔不群，在同时期同地域中表现出奇异感，难以复制，不易混淆，不相雷同。它的复杂结构或复杂系统是难以用简单的言语描述的，仪态万方，蔚为大观，这种奇观给人以惊愕、惊艳、震撼。

奇观或景观同人的关系，不是天人合一的入境或化境的关系，是一个人在拟像的世界里，寻找或完成自己的故事。景观就是现代性或后现代性的叙事设计，是城市空间对人的重构。人在景观或奇观中，就像在梦境中，真与幻给人的心理满足是难以言表的。所以，景观给人的是一种与自然景区不一样的体验，是一种对主体包裹和吞并的感觉。

也可以说，景点和景观之间并能划等号，他们之间复杂的谜一样的关系，需要每个人身临其境进行体验和阐释。

景观之所以能成为一个城市的标识和名片，包含三个因素：

第一，景观诞生于复杂的命名机制。能称得上景观或奇观的，都是由权威来认定的，通过各种渠道。上海的迪士尼公园就是这样的一个典型。没有不经过命名就能称得上奇观的存在。权威对奇观的认定有严格的标准，必须给视觉以激烈的冲击，或宏大的空间建构，或令人惊叹的资本注入和流动，或给人以奇崛的审美感受，这些都有严格的尺度。景观或奇观，是一个特殊的巨型复杂体系。

第二，景观和城市要表达的内容基本一致。景观会给视觉带来一种突兀感和震撼感，一种视觉文化或消费文化的互动，无文化倾向的景观是不存在的。这也是自然景区和人间奇观之间的根本区别。所以，城市的文化表达，就是景观所要表达的。景观里所有的构造，包括游戏设置、景点的设计、风格的塑造，都是城市文化的缩写。

第三，景观或奇观是人工制造的，她会不时地改动、改变、改造。所以，景观具有展示性、暂时性、流动性。这种流动性需要和时代连接在一起，需要和审美连接在一起。时光不居，审美常新，所以，景观或奇观也会不断变化。

根据这样的条件，我们来看乌鲁木齐的多张文化名片，具有代表性的当属红山文化圈和二道桥文化圈。自然景观和历史积淀融为一体，红山，已经是一个乌鲁木齐的象征，它不是制高点，却是一个现代城市特殊的登临处，是适合眺望和展望的所在。它的宝塔，它和林则徐的文化联系，它的每棵树都是时代的记忆和传奇。所以，游红山，已经不是游玩，而是对文化的解读和重读，是对文化高处的登临。

同样，二大桥的大巴扎，是乌鲁木齐的另一张名片，具有特殊的含义。《新疆经济报》新媒体中心 2018 年 12 月 16 日播发的视频《资深摄影家镜头下的乌鲁木齐二道桥二十年》，用摄影家的镜头，回顾了二十年来大巴扎从一个平凡而嘈杂的地方，华丽变身为全国知名的重要景观的过程。文中介绍：“金炜，记者，资深摄影家，1962 年出生于新疆，多年来一直关注并拍摄记录着乌鲁木齐二道桥片区的变化。他认为，二道桥片区是非常能体现乌鲁木齐改革开放四十年来变化的城区之一。他用一组照片，忠实记录了这些年发生在二道桥片区的变化。金炜说，二十年来，二道桥片区发生了翻天覆地的变化。如今这里已经成为乌鲁木齐靓丽的商业窗口和旅游窗口。”

就是在这里，新疆独具风格的巴扎文化与现代文化完美结合，新疆国际大巴扎的区位是一组米黄色的特色建筑。在这里，可以对新疆的特色一目了然。《都市消费晨报》2018 年 8 月 15 日刊发的《新疆大巴扎步行街开始迎客啦！焕然一新的街景值得你前来一看》介绍："经过 5 个月的精心打造，2018 年 8 月 15 日，新疆大巴扎步行街开始迎客。"

"大巴扎步行街以新疆国际大巴扎为中心，从外环路开始至和平南路一巷，与老步行街（天池路）相连，形成一个 T 字形、长约 800 米的风情步行街，这是此次大巴扎改造的一大亮点。"

文中还说，自 2018 年 3 月中旬启动以来，新疆大巴扎"以建筑节能保温为主的靓化工程"全面展开。该工程以民族特色风情为主题，南至外环路、东至金银路、北至龙泉街，还新增 800 米长的步行街。

大巴扎步行街从团结路口开始至和平南路一巷，与天池路相连形成一个 T 字形。步行街两侧的楼体全部重新粉刷，墙面统一为米黄色，与新疆国际大巴扎景区的风格一致，看上去整洁美观。

文中详细介绍了步行街的设计。步行街分为 A、B、C 三个片区，分别是文创文旅和非遗项目街区、国际时尚街区以及大巴扎美食街区。A 区域共计有 40 个花车，其中 30 个为文创文旅的产品，10 个为非遗产品。步行街 B 区定位为"国际时尚"，左边大巴扎原有的商户不动，右边为国际时尚小酒馆和西餐厅、小酒吧。步行街 C 区为"大巴扎美食街区"，共计 30 个小型档口和 20 个花车。

可以说，这是对大巴扎和步行街景观再造的重要一步，把这个文化圈变成乌鲁木齐的一张名牌、新疆的一张名片。事实上，这样做的效果是明显的。《都市消费晨报》在 2018 年 11 月 15 日刊发的《大巴扎步行街开业三个月接待超过 1200 万人次》介绍，据乌鲁木齐市天山区旅游部门的统计，从 2018 年 8 月 15 日至 11 月 15 日，开业仅 3 个月的新疆大巴扎步行街接待国内外游客超过 1200 万人次。

游客和本地消费者井喷式的光临带动了大巴扎和步行街的服务升级，也让这个具有新疆特色的步行街成为内地游客来新疆旅游的必到之处。《都市消费晨报》2018 年 8 月 6 日报道的《国际大巴扎景区服务再提升 室内歌舞表演增加午间场 还有 20 余种吃不停的水果宴》介绍："宴艺大剧院在新疆国际大巴扎 4 号楼，此前只有夜场演出，时间为 19 时至 21 时 20 分。随着大巴扎景区客流量增加，近日，增加中午场次的演出，推出歌舞表演及水果宴。时间为 15 时至 17 时，其中歌舞表演时长一个小时，约有10个节目，还增加了观众互动环节。”

此外，《都市消费晨报》2018年12月26日刊发的《烤全羊、烤乳鸽、大盘鸡等近100道美食亮相大巴扎美食节》、2018年11月15日刊发的《国际大巴扎“冰火奇缘”冰雪节活动启动》介绍，当地利用大巴扎和步行街的奇观效应，不断推出文化节庆，制造文化亮色。文章介绍，2018年11月15日20时，以“冰雪巴扎，火热冬季”为主题的大巴扎步行街冬季运营启幕，率先开展“闪亮”之夜。

“据了解，此次大巴扎步行街冬季运营启幕活动为期8天，自11月15日至22日。期间将呈现精彩纷呈的各类节目，融合新疆地域特色民族风情及潮流元素，打造新疆新风采，新冰雪文化。

“8天内，活动分为闪亮之夜、丝路之夜、魔幻之夜、舞王之夜、摇摆之夜、极限之夜、开启之夜等，夜夜有不同主题活动。”

景观，自带文化，自有一套文化符号体系。空间中，流溢着只有景观才能提炼和浓缩的文化价值。

三、城市景观的文化创新

景观的灵魂是文化，也许不是一种文化呈现，但一定是文化的呈现。在既有的文化景观中，我们面临的最大问题就是文化创新的问题。

一个城市的文化名片是一个时空的产物，它是传统文化和现代文化的融合，在历史积累和历史审美的共同作用之下，获得现代性的认可和接受。比如故宫、黄鹤楼、杜甫草堂，那里不可能只有历史的痕迹，相反，在历史的建筑和空间中，现代文化寻找到了新的契合点。空间，就有这方面的神奇能力，新与旧的器物，历史与当代的符号，完全可以共同存在一个空间里，空间可以容纳时间流。

景观更是如此，它存在的目的就是在文化上、资本上、视觉上、空间上，征服和占有人的存在，让人“赞叹”“惊艳”于这种奇观和“蔚为大观”。

然而，对历史文化浅层的理解，空间文化专注体量的巨大，是当前景观的通病。

（1）中国传统文化在最近一个时期获得了前所未有的重视。重视，并不等于“去粗取精”“化用”。相反，中华文化宝藏中许多高妙绝伦的元素还没有被开发。景观建设中所引用的只是简化的元素，乃至一些被割裂本源的文化外壳。这个问题主要集中在“仿古建筑”上。对传统文化重视，却没有相应的文化厚度和高度，在审美情趣上还在固守的习惯里挣扎，这导致很多景观只在空间体量上获得了“庞然大物”的名声。

（2）现代文化的创新处于停滞的状态。城市建设和设计的现代化必然要与一个城市的政治经济文化地位相匹配，尤其要参考当时当地的人的审美水平相。当前的城市景观，在材质的运用、建筑的设计、与环境的和谐度，以及景观本身的生命性和现代文化的表达上，一致处于模仿和伪创新的状态。网上评出的十大丑建筑，就可以管窥一豹。景观求奇，这无可否非。奇不等于新，奇不等于美，奇不等于景，这似乎是常识。究其原因，问题出在现代文化、城市文化、都市文化在一个空间里不断涌现，而城市的内核却有很多和现代化相违背的元素。现代美学体系和现代文化创新机制还没有完全植根于这个城市空间。这一切影响着城市的外观和奇观。

（3）景观的背后是资本的力量，是权威的力量。景观本身就是“力”的综合体。如果景观只是让人纯粹地审美，那么它就不是景观，它或许只是“风景”。而风景，在任何社会，背后也潜藏着“权力的表达和言说”。景观的建设是城市建设里最醒目的表演，也是“力”的话语体系全面释放的过程。所以，在“力”的面前，景观需要的就是一种对自身完成负责的“强势”。传统文化和现代文化并不是技术元素，而是重要的文化策略元素。这也就是说，力的流动通过文化策略对景观进行形塑，进行意义和价值的赋予。

新疆的城市景观建设还处在“环境系统”构建的过程中。因为新疆很多城市处在绿洲之上，被沙漠包围，生态环境相对脆弱。所以，城镇化建设首先要在一个生态巩固的空间里展开。这些年来，“植绿补绿”“扩绿”的绿化工作成为最重要的基础性工作，成为改善环境系统的重要一环。

乌鲁木齐市在 2018 年推动“树上山”工程，对乌鲁木齐市南大门的“燕南山”进行人工植绿。这是一片寸草不生的荒山，无水无土，需要的是引水上山，扛土做壤。乌鲁木齐前后组织 10 万人次参加义务劳动，在一年里把这座荒山改造成“迎面第一绿、开门第一景”。燕南山，也由一个无名的废弃山丘，转变为进出乌鲁木齐的铁路旅客抬眼可见的一处新的城市奇观。

和红山一样，燕南山的每棵树、每一寸土壤都是人工的。所以，这里充满了自然性和人工性的完美结合。这是一种只有在西部边陲，在少雨少水的地方才能呈现的人间奇迹。无独有偶，红山被绿化之后，那里变成了乌鲁木齐的第一景、美丽的公园。燕南山下，也开始建造一个公园。景观化在这里看似初级，实则高级。这就是因地制宜的景观建设，是思维创造出的新境。

景观需要创造，更需要想象力。想象力，是艺术性的，是开拓性的，更是对现实需要的回应。

《都市消费晨报》2018 年 12 月 28 日刊发的《乌鲁木齐市馕文化产业园或将成为首府旅游线路新景点》介绍的乌鲁木齐馕产业园，就属于具有想象力的景观再造。文中说："2018 年 12 月 28 日，乌鲁木齐市水磨沟区文化体育旅游局邀请首府 64 家旅行社，推介水区冰雪旅游资源，包括乌鲁木齐市馕文化产业园、会展·汇嘉新天地、温泉疗养等。首府打造新疆大巴扎、乌鲁木齐市馕文化产业园以及温泉疗养等新的旅游产品，协会也将积极支持，扩大新产品的影响力。

"新疆巴士国际旅行社有限公司办公室主任杨梅说，馕文化产业园是首府市区一个新的旅游景点，旅行社会考虑把这些景点设计进入新产品。"

《我在馕产业园：新年第一天 这里成为家庭亲子游的聚集地》一文也证实了这一点，文中描述："妈妈，你看这个馕坑里还有火苗，原来馕就是这样烤熟的呀……" 2019 年 1 月 1 日，6 岁的王梓涵拉着妈妈的手在乌鲁木齐馕文化产业园里兴奋地参观着，眼前的一切让她充满好奇，在妈妈的讲解下，她第一次知道了馕的全部制作过程。

2019 年第一天，记者来到刚刚全面投产开放不久的乌鲁木齐市馕产业园，这里很是热闹，熙熙攘攘的人群中更多的是家长们带着孩子一起来到这个极具新疆本土气息的馕产业园了解馕的历史，观看馕的制作过程，"工业+旅游"的发展模式，也让这里成为乌鲁木齐旅游业发展的一处新景观。

馕产业园受到欢迎，在于具有想象力和亲和力的创意。产业园本身有馕的历史展览区，有体验区，设计美观大方。最重要的是空间审美结合了地域特色和文化特色，没有突兀感和强制感，在质朴中衬托景观之奇，在体验中唤醒文化的互动。而且，馕产业园入住了 50 多家馕企业，生产 300 多种馕，可以说把馕文化表现到了极致。而馕文化在新疆，在中国，都是有根有源之物，不仅满足口腹之欲，也能洞见面食文化在中华美食文化中的重要地位。

四、城市景观的媒体呈现

景观的表达是外观的，是直观的，是通过建筑和设计完成的。这种表达，同样言说一个城市的变迁、一个城市的记忆、一个城市的传奇。然而，城市景观本身既是显性的，又是隐性的。任何景观的崛起和废墟化，既在眼前，又会被抛在脑后。所以，景观的存在和它的生命感，更多的被媒体记录。媒体的记录和记忆，是景观生命延续性的关键，也是景观存在的精确无误的关键。所以，在媒体时代，尤其是新媒体时代，景观的表达就是媒体视角的表达，是自媒体里人和景观共存的表达。

公共媒体和自媒体让景观呈现了多种面貌和样态，这样，景观也就在时间的片段里，在空间的角落里，被存储在文化记忆里。诚如 20 世纪 80 年代的西大桥的样貌，在亲友的合影中，在记者的镜头下，被还原出了旧时模样。而眼下的西大桥和以往的西大桥之间，从一张张照片中，找到了反差，找到了文化和心灵的共鸣。

因此，官方媒体的公共行为与自媒体的个人行为让景观的生命具有了媒体性。因为有了媒体性，景观才具有成为城市名片的可能，才能在创意和创新的过程中获得检验，延续生命。

媒体关注景观和媒体关注新闻的本质是一致的。景观的显著性、接近性、重要性、新奇性都满足了媒体关注景观的条件。最重要的是，景观是空间的产物，媒体所要关注的时间单位是有限的，但关注空间单位是无限的。也就是说，新闻关注的是时间上的新，是一秒钟、一分钟、一小时范围内的事实，是明日黄花和今日易碎品之间的悖论和博弈场。但对于媒体而言，空间是包罗万象的，可以近在咫尺，也可以远在天边；可以是地理接近性，也可以是心理接近性，可以是立锥之地的反观，也可以是对太空的无穷探索。所以，在媒体时代，媒体的时间性越来越被忽略，而的空间性越来越受重视。也因如此，景观作为空间的产物，其空间性越来越显著，其时间性则越来越暗淡。在空间的建设中，空间的艺术、空间的审美、空间的政治都是景观空间文化的重要内容。在共时性的呈现中，空间的复杂性和多样性，以及对人的关系的重新整理和塑造，成为景观存在的重要课题。

第三节 “场”的特色与特色的“空间”——对新疆城镇化进程中特色小镇和特色园区空间文化特质的分析

“空间”不是新发现的事物，只要有人的存在，对空间的认识就没有中断过。和空间概念息息相关的是“场域”——简称“场”，这也不是新的名词，“战场”“考场”“商场”都是“场”。但全球化进程中，“空间”被现代文化和后现代文化所重视，因为现代文明不仅仅是一个时代的产物，它的呈现就是在地理版图上的延展腾挪，所以“空间”理论被注入新的阐发内容，“场域”理论随之被创新阐述。

“现实生活中，城市更像是一个由自然材料建构出来的特殊环境，包含同其他环境一样的感性基础，但却几乎完全由人类能动性设计并控制。尽管城市是一个特殊的人类环境，但它仍不过是一个地理学上某一地区的组成部分，与较大的地区相比它通常只有模糊的轮廓，并且它和较大地区之间还存在众多复杂的互反关系。”①

一个城市里，有无数个场叠加在一起，有无数个空间相互交织。同时每个场、每个空间都表现着这个城市的特色。

空间的特色、场的特色，不断被重新认识，被深入发掘，关键是，我们“身在其中”。我们立身于场，不能置于场外；我们寄身空间，无法疏离和悬浮于空间之外。布尔迪厄重新定义和阐述了场域的重要性，场域的价值也越来越被人接受。同时，在中华传统文化中，“场”似乎是“位”的异名。这是一个人安身立命之所。位，是一个人立言立志立德的根据。这个位，还不能只狭隘地理解成为“职务或工作”，而应该理解成为一个人行动的源点。这和布尔迪厄所说的“场域”颇为相近。

① 阿诺德·柏林特著，刘旭光、郭婷译：《远方的城市：关于都市美学的思考》，《新华文摘》2010年第14期。

我们提及“场域”和“空间”，就是通过它们的关系、相似的因素和相异的因素，来审视新疆新型城镇化建设中特色小镇和特色区域的空间文化特质，尤其是帮助我们分析“特色”的内涵。

一、特色小镇的媒体分析与呈现

特色小镇是一个文化空间。《特色小镇要形成关联密切的产业和人文空间集聚》指出：“定位上特色是核心。特色小镇在项目定位上，特色居于核心地位，定位什么特色，决定了项目成败的关键。中国经济体量之巨、门类之广、文化积淀之深、创新之速，为选项定位提供了广阔选择空间。特不特，衡量的标准，一是是否立意独特，二是前景如何，三是市场如何。”

我们可以看到，特色小镇作为一个空间，首先要在特色创意和定位上下功夫。其次是发展的愿景，这和定位的科学性和远见性息息相关。没有前瞻性的规划和特色定位，那么昙花一现或无根之木的“特色小镇”也是可能的。最后就是参与市场的历练和考验。特色小镇能不能发展下去，关键在于能不能在市场中活下去。

《都市消费晨报》在 2018 年 11 月 19 日刊发的《我区将分类有序推进四类村庄建设 到 2022 年建成 600 个示范村庄》一文介绍，从 2018 年开始，新疆维吾尔自治区将用五年时间分类推进四类村庄建设，按照三年建设期限基本实现农业农村现代化目标的要求，到 2022 年完成 600 个示范村庄建设任务。

通过四类村庄建设，新疆农村基础设施条件、人居环境显著改善，农民收入水平进一步提高，初步构建起现代农业体系，探索形成一批各具特色的乡村振兴模式和经验，乡村振兴取得阶段性成果。

上述思路体现在新疆印发的《新疆维吾尔自治区乡村振兴战略规划（2018—2022 年）》（以下简称《规划》）里，《规划》共分为前言、规划背景、总体要求、构建乡村振兴新格局等内容，共 11 篇，立足新疆实际，按照产业兴旺、生态宜居、乡风文明、治理有效、生活富裕的总要求，对全区实施乡村振兴战略做出阶段性谋划。

《规划》指出，新疆将结合南北疆乡村发展不同阶段特征，针对农区、牧区、城郊和贫困地区、边远山区的乡村面貌，分类有序推进集聚提升类村庄、城郊融合类村庄、特色保护类村庄和搬迁撤并类四类村庄建设。

其中，城郊融合类村庄具备成为城市后花园的优势，也具有向城市转型的条件，将按照村庄融入城市的要求，提升规划建设水平，加强土地用途管控，围绕服务城市培育发展主导产业，承接城市功能外溢、满足城市消费需求能力，重点支持发展现代服务业和物流仓储服务，引导部分村庄逐步纳入城区范围或向小城镇转变。到 2022 年，全区 30%的城郊融合类村庄实现城乡一体化发展，到 2030 年所有城郊融合类村庄基本实现现代化。

特色保护类村庄包括历史文化名村、传统村落、民族特色村庄、特色景观旅游名村等，将通过发展特色产业，形成特色资源保护与村庄发展良性互促机制。到 2022 年，确保 50%以上的特色保护类村庄整体风貌、特色民居得到合理保护，到 2030 年全部特色保护类村庄实现完整保护。

成为城市后花园的城郊融合类村庄和特色保护类村庄，就是新疆新型城镇化建设中关于特色小镇和特色区域建设的主导思想。

这里需要分析的是特色小镇和特色园区在新型城镇化建设中处于什么样的位置。

特色小镇是乡镇中相对有特色潜质的。从地理位置而言，它不处于大都市的核心区域，尤其是特色小镇，往往处于交通主动脉的枝节上。那么，我们用空间理论来看，特色小镇的空间结构是“花苞式”的，它处于城市和乡村的融合状态。它把城市的优点和乡村的优势合二为一，从而给人造成一种新的空间感受。这种感受与城市的繁华和铅华相悖，与乡村的闭塞和幽静相左。特色小镇的空间是一个由想象力不断创造的空间。比如，《都市消费晨报》2019 年 1 月 1 日 刊发的《我在水西沟：冰雪特色小镇：热热闹闹过新年 欢欢乐乐办年货》，对乌鲁木齐近郊水西沟这样的冰雪特色小镇进行了美轮美奂的勾勒：“熏香的马肠子、马肉，甜滋滋的南瓜锅盔，美味的手工酥油、鲜牛奶、奶豆腐……1 月 1 日，在乌鲁木齐县水西沟冰雪特色小镇，一场集特色农产品和冰雪风景为一体的年货节在这里举办，上百种南山特色年货吸引了不少市民前来购买。”无独有偶，《都市消费晨报》在 2018 年 12 月 31 日刊发的《上千名游客今日抵达“精灵小镇”禾木，提前预热泼雪狂欢节》把禾木称为“精灵小镇”，营造了一种童话世界的梦幻温馨的审美感受。

二、特色园区的媒体分析与呈现

特色园区也是新型城镇化建设的一部分。它和特色小镇有很多的区别，最大的区别在于，特色园区是封闭的，是城堡式的，园区一旦划分出来，就明确了产业方向和功能定位，在规划图上标出的红线和在现实中的街道“边界”，让特色园区成为一个看似开放，实际上是浑然自成的空间结构。特色小镇则是开放的。

尽管有上述区别，但特色园区同样需要有格局中的位置和位向，也需要产业支撑和功能定位，更需要文化特色和特色文化禀赋特性。

特色园区的产业定位是把这个园区转化成一个独特的“巨型场域”。《都市消费晨报》2019 年 1 月 9 日刊发的《乌鲁木齐市重点推进 14 个特色工业产业园区建设，加快工业转型升级》一文介绍，2018 年乌鲁木齐加快工业转型升级步伐，以中亚黄金产业园、馕文化产业园为代表的“工业+旅游”的特色园区基本建成。

据悉，位于乌鲁木齐高新区（新市区）的中亚黄金产业园于 2018 年 11 月正式落成，这个产业园集“生产、销售、展示”为一体。在生意人的眼里，它是黄金宝玉石的专业市场；在匠人的手中，它是黄金宝玉石工艺品的诞生地。在这里，旅客能了解到一块金矿石被打造成一个金手镯的全过程。

位于水磨沟区八道湾片区的新疆“馕文化”产业园则于 2018 年 12 月 25 日正式全面投产开放。该园区以“工业+旅游”的发展模式，在传承新疆美食文化，打造特色品牌的同时，作为新疆旅游的新景点，还可满足市民和游客的购物、吃饭、旅游、交流等多方位需求。目前，新疆“馕文化”产业园已引进新疆馕王食品开发有限公司、新疆百成鲜食供应链有限公司、新疆疆小馕食品有限公司等 19 家知名食品加工企业，主要生产手工馕饼、手工水饺、汤圆、奶制品、面点、糕点等特色食品。

据统计，2018 年，乌鲁木齐全面落实振兴工业经济 17 项政策措施，积极推进 322 项重点工业项目和 14 个工业产业园区建设，园区承载力和集聚效应显著提升。中亚黄金产业园、“馕文化”产业园、新疆维泰小微企业园基本建成，正威新疆“一带一路”产业园、合盛硅业有机硅产业园、百纳威智能终端产业园、枭龙新能源汽车产业园等一批大项目开工建设，为优化产业结构、补齐产业缺环、延伸产业链条、扩大集群效益提供了有力支撑。

在城市内部开辟特色产业园区，既体现了产业功能的“集中优势”，“强强队伍集结”，又体现了一种空间功能的宏观调控和科学规划。以往工厂、商店超市、住宅楼和学校，交错在一起，空间驳杂，结构复杂，由此而产生的场也参差不齐，经常发生各种场之间的摩擦和冲突。而特色产业园区经过科学规划后另立门户，让社会的结构更加有秩序。

比如，《都市消费晨报》2018 年 6 月 12 日刊发的《乌鲁木齐高新区（新市区）联合打造“乡根文旅特色小镇”》介绍说，新晋为 2018 年度特色小镇开发运营创新力企业的“融创中国集团”，将联手新疆本地企业新疆德港集团注资 100 亿元，在安宁渠镇打造一座“乡根文旅”特色小镇。2018 年 6 月 11 日，上述两家企业和乌鲁木齐高新区（新市区）就这一项目签订了投资框架协议。根据协议描述，“乡根文旅”特色小镇，以西北唯一的全产业链特色文旅小镇为定位，建设度假酒店、街区、婚纱摄影基地、客栈、温泉（水文化）、影视拍摄基地，满足旅游消费者吃、住、行、游、购、娱的需求。

特色园区由此而产生了一些值得研究的话题：

（1）特色园区的功能相对集中，其特色就是产业特色，这和特色小镇不同，特色小镇是依据地理特征和物产特征生发的优势，因此，这种优势是空间优势，不是场域优势。而特色园区依据的是产业技术优势和创意前景优势或资本优势，这种优势不是空间优势，而是场域的优势。也就是说，园区作为一种集合人力、智力、财力为一体的场域，需要的不是地理位置上有什么突出的长项，而主要是产业的长项。美国的“硅谷”、中国的“中关村”都是这样的情况。

（2）特色园区内部更重视不同场域的融合，也就是不同单位、不同企业、不同品牌、不同创意场域之间的融合，而不是更加关注空间结构的融合。实际上，场域是无形的，也可以是有形的，无形场域的存在对人的影响作用更大更明显。所以，特色园区要保证自己园区或者有“场域”优势，或者有名牌效应，就必须要让场域内部资源和元素不断革新和丰富，让其场域功能不断升级。一个新型工业园区，如果没有科学创新和市场前景，没落、坍塌或空壳不是不可能的。然而，特色小镇即便没有特色，也不失为一个在物理空间中真实存在的、人们得以居住其中的“小镇”。所以，相比于特色小镇而言，特色园区需要为确保其特色进行更加艰巨的努力和探索。因为，它是空间生产获得的“产物”，是产业支撑的一个“新空间”，它必须把场域的功能发挥到极致。

（3）特色园区中的空间建设必须是对应产业的需要，是产业基础上的文化特色的塑形。高科技园区不会被构建成一个农林园区，一个野生动物培育园区不可能被建成一个书画研究教育园区，因而特色园区中相关的审美和装潢都要依此而行。相比而言，特色小镇的空间建设则可以多样化，比如一个边塞的小镇，可以以中国古典风格或欧式风格来构建其建筑。所以，特色小镇的建设是风格的建设，是文化的建设，其风格可以是多样的。

三、城镇空间特质的媒体文化分析

在新疆的特色小镇和特色园区的建构中，空间三个要素需要格外重视：

第一是地理方位。乡镇和村庄的地理位置十分关键，它的潜力和发展格局也受这些因素影响。新疆以往被称为“边疆”，现在却是“一带一路”的前沿，是丝绸之路经济带核心区所在。所以，地理位置，是一个城市、村庄参与城镇化和乡村振兴的“场域”，地理位置也是一个城市和一个乡村的第一优势、天然优势。在这种场域中，空间的具体状态是在聚合各种优势还是耗散这种优势，这种优势是恒有的还是暂时性的，都需要通过对空间战略的不断认识才能发现。

在这个因素中，场与空间因为是自然性和地理性的，所以基本是一致的。也就是说，特色小镇所处的场域范围（地名地点、地图上的指示、其与交通线之间的距离，其和大城市之间的关系等）和所处的空间基本一致。

第二是功能角色。在传统农业经济时代，乡村基本是封闭的，每个村的基本功能也是一致的。而在新型城镇化建设和新农村建设中，乡镇的功能，首先需要产业定位。正如有人所说的：“特色小镇的重点在于特色而非小镇，凸显特色是为了防止出现千镇一面的情况，这里既包含产业特色，也包括文化特色。文化是一个小镇的标签，从前期规划到后期建设、运营都应当充分挖掘当地的特色文化，将文化与生产、生活、生态等各方面协同发展，真正实现产城融合。”

最重要的是“产业立镇”：一千个特色小镇应该有一千张面孔，但它们也拥有一个共同特点，那便是立足产业。《通知》指出“坚持产业立镇”“以引导特色产业发展为核心”，并将“宜业”放在了“宜居”“宜游”之前，将“经济发展”放在了“公共服务”“绿色生态”之前。这意味着小镇建设必须以产业建设为核心，并兼顾“宜居”“宜游”，而不是相反。

特色小镇具备产业发展和产业升级的资格，具有产业立镇的潜力，这就是特色小镇自己的功能和角色。

布尔迪厄在阐述“场域”的时候说：“在高度分化的社会里，社会世界是由具有相对自主性的社会小世界构成的，这些社会小世界就是具有自身逻辑和必然性的客观关系的空间，而这些小世界自身特有的逻辑和必然性也不可化约成支配其他场域运作的那些逻辑和必然性。”也就是说，空间在一定的关系作用下会发生分化，分解成具有自身逻辑的小空间，而每个空间之间又必然具有内在的联系。特色小镇就是在广袤的乡村空间中，依据自己的地理优势和产业导向，分化成一个具有自身文化特色和经济前景的小空间。它们之间的关系就是母系统和子系统之间的关系。

而在这样的场域中，起决定作用的不是地理环境，也不是千年文化百年传统积累的文化资本，而是产业。产业，就是明确这个特色小镇的身份和功能的核心因素。

2018 年 9 月 28 日“新疆头条”推出《云游新疆》《行走看变化 新疆特色小镇展现新面貌》。我们看到各种特色小镇正在新疆蓬勃发展。即便以旅游产业作为自己的立业方向，特色小镇也要在特色上用心用力。而特色小镇的产业方向和特色定位一旦形成，我们就会发现，不在一个空间里的各个小镇之间形成了星罗棋布的“场域”之格局。特色小镇与特色小镇之间是场与场之间的关系。如何脱颖而出，如何成为“特”之“特”，这都需要场域内的经营和规划。正如布迪厄认为的那样，场域是一种关系，正是由于从关系的角度出发来思考问题的这种模式引发了场、场域概念的提出。“从分析的角度看，一个场域可以定义为在各种位置之间存在的客观关系的一个网络，或者一个构型。”如果说小镇是一个地理空间，那么，特色小镇就是一个场域，它是不和一般乡镇做比较而和其他特色小镇做“比较”的场域。

第三是文化作用。2018 年，国家四部委联合发布《关于规范推进特色小镇和特色小城镇建设的若干意见》，提出要准确把握特色小镇内涵，遵循城镇化发展规律，注重打造鲜明特色，有效推进三生融合等。然而，特色小镇建设尚处于探索阶段，仍存在重资源轻产业、重硬件轻人文、重产业轻内涵、重标准轻创意等问题，与特色小镇应该具有的“明确产业定位、文化内涵、生态旅游和一定社区功能”的一体化发展定位还有一定距离。

新疆的特色小镇所要彰显的文化或者要在地理空间和产业空间的基础上形成什么特色文化和文化特色，这都是一个新课题。

新疆所具有的雪山文化、草原文化、沙漠文化、胡杨文化、雪莲文化、绿洲文化、兵团文化、丝路文化、口岸文化等，都是独具魅力的。现在的问题是如何将天然禀赋的文化特色与乡镇产业发展相结合、相统一。文化资源本身是可再生的，再生的基础是文化创新，产业和文化创新形成一整套生产机制和推广机制，这是新疆特色小镇最需要充实的地方。当前，新疆特色小镇的构建还处在初级阶段，本色山水相关的开发和保护亟待规划，本地特产还没有形成品牌，产业走向还不明确。导致特色小镇文化特色不特的原因不少，关键是对文化特色的研究和研发不够。

场域和空间在文化的视野中的关系非常神奇。

一个场域或许覆盖或控制多个空间，一个空间或许包含多个场域。在特色小镇中，文化特色的体现或许与生产（种花、种稻子、种葵花、种特有产物）有关，形成特殊的文化现象和文化品牌。在这样的文化品牌影响中，特色小镇的多个文化空间，农民所在的田间地头，村里艺人所在的村头舞台，推广团队所到之处，围绕的都是这个产业主题。这就是一个场域覆盖多个空间的例证。

同时，一个特色小镇里会有多个文化场域存在，比如，农民所依赖的农村文化场域、村里小厂依赖的乡镇企业文化场域、村镇景区所养成的旅游文化场域，等等。不同场域之间似乎有不一致的地方，但又常常发生关系。这就是一个空间包含多个文化场域的实例。

因为发现这样的关系，我们才能看到，文化是特色小镇之魂。空间的建设，如果不依据文化的创新和引导，那么，空间只是空间，自然景观和物质条件与文化符号之间格格不入，相互排斥，造成特色小镇虽然“特别”，但没有“成色”“秀色”“颜色”“品色”。特色之特，在于空间建设的文化场域具有强劲的超越性和探索性，凸显出不雷同、不趋同的文化之“新”。特色之色，在于空间建设具有建设性和生命性，形成具有风格和品格的社会效应和审美感受，也就是文化之“美”。

小　结

新疆作为中国西部最辽阔而神秘的省区，有着独特的地域文化资源，而这些文化资源在当地新城镇化进程中如何被有效地吸收、开发与利用，这是当地媒体“城镇化报道”中的软新闻部分——城镇文化报道部分（即媒体相关的文化表达）所展现的内容。这一部分着重凸显新疆城镇化建设中的城市文化塑造、特殊历史人文资源传承与挖掘、特色小镇打造等内容，这些文化层面的“城镇化报道”用各种受众喜闻乐见的方式来展现新疆城镇化建设的新进展、新动态，以此逐渐凝聚社会共识，进而更有效地推进新疆的城镇化建设。

第六章

发展传播学视角下的西部城镇化新闻报道探析

一、发展传播学视角概述

发展传播学研究兴起于20世纪五六十年代的美国，当时美国一些希望能提高世界贫困人口生活质量的精英知识分子致力从传播的角度来改变现状。发展传播学主要的研究范式分为：主导范式、参与传播范式、帝国主义范式、全球化范式。这几种主要范式是逐渐演化的，时间上有承接性。主导范式尽管从20世纪70年代起开始淡出主流学术圈，但是在实践层面上至今仍保留了极大的影响力，因为它对社会实践项目有积极的影响。本章主要从发展传播学主导范式的研究视角来探析眼下中国西部地区的“城镇化报道”应该做好哪些传播工作去为当地的城镇化建设助力。

发展传播学主导范式的主旨在于依托国家的支持，自上而下地推行一系列的传播计划去帮助世界上贫困地区或国家的人们改善困境，提高生活水平（这类似于中国的“新闻扶贫”），而这一系列传播计划是由外来专家根据当地人的情况而制定——专家们针对当地被扶助的贫困人群的特点而设计适合他们的传播策略与内容，由媒体去传播这些信息。这种自上而下的传播计划寄托期望于“两极传播过程”——期待传播的特定发展信息首先影响到当地的社会精英，待这些精英由于接收了先进的、现代化的信息而做出相应的改变时（由态度改变转化为行为改变），一般群众也会因为受到当地社会精英的影响而接受这些发展传播信息。尽管发展传播学的主导范式在理论研究上不断受到质疑，但是由于主导范式的研究者们致力将研究付诸实践从而去推动世界贫困人群的发展，并且为此设计了许多切实可行的具体操作策略，因而主导范式发展至今在各种社会实践项目中依然拥有很强的生命力。

中国是世界上最大的发展中国家，随着中国经济跃升世界第二（中国成为世界第二大经济体），中国为世界上广大的发展中国家也提供了独立于西方之外的发展经验。中国的发展经验为世界上广大的发展中国家和地区当前迫切需要解决的贫穷和发展问题贡献了中国智慧和方案。在这种背景下，“发展”在中国的各学科研究中都成为热词。而已经淡出西方主流学术圈的发展传播学在当今中国也焕发了勃勃生机，因为它对于研究发展中的中国传媒业实践有着积极意义。笔者认为发展传播学中的主导范式尤其适合研究当今中国的城镇化新闻报道实践。

自2013年年底开始，中国着力于推进新型城镇化战略，致力破解长期存在的城乡二元结构难题，这是中国全社会迈入现代化的必由之路。城镇化建设的推进是自上而下的，这中间势必涉及国家乃至各省区的政策由上而下推行时是否能得到基层最大范围内群众的理解、响应与支持。而在这过程中，当地主流媒体作为连接国家、政府与民众的桥梁，能否起到积极作用其实就是发展传播学中主导范式所涉及的内容。在中国的城镇化进程中，各省区市的主流媒体推出的“城镇化报道”实践实际上就是在将当地城镇发展所涉及的各种政策、专家建议和国内外可资借鉴的城镇化经验进行二级甚至是多级传播的新闻报道实践。

但是，中国幅员辽阔，各区域情势差别很大，东部地区工业化程度较高，经济较发达，相应地，新型城镇化进程较快；中部地区工业化程度与经济水平居中；而西部地区各方面发展相应滞后，因此西部城镇化进程慢于东中部地区，因而西部地区城镇化任务最为艰巨。

改革开放以来，我国东部沿海地区率先开放发展，形成了京津冀、长江三角洲、珠江三角洲等一批城市群，有力推动了东部地区快速发展，成为国民经济重要的增长极。但与此同时，中西部地区发展相对滞后，一个重要原因就是城镇化发展很不平衡，中西部城市发育明显不足。目前东部地区常住人口城镇化率达到62.2%，而中部、西部地区分别只有48.5%、44.8%。[①]不过，这种区域发展不协调、不平衡的态势正在改变——随着西部大开发和中部崛起战略的深入推进，东部沿海地区逐渐将各种产业转移到中西部资源环境承载能力较强地区，加快了中西部地区工业化的进程，在当地培育形成了新的经济增长极，也拓展了由东向西、

① 《国家新型城镇化规划（2014—2020年）》。

由南向北梯次发展的市场空间。这些布局带动人口重新向中西部地区回流，集中在产业集中区域，为当地加快城镇化进程提供了必要条件。[1] 由此可见，西部城镇化发展的滞后正意味着有巨大的发展空间和新的增长点，只要解决好西部城镇化建设中“人”的问题，那么在各种政策的落实和历史机遇面前，西部的城镇化发展一定能取得可喜的进展。因此，新型城镇化的推进只要能在西部地区广泛凝聚社会共识，就能减少不必要的阻力，进而还能形成助力。

本书聚焦于探析中国西部地区城镇化进程中其省级主流媒体（以下简称省级媒体）“城镇化报道”是如何凝聚社会共识去为当地城镇化建设助力的，因而本章就是在发展传播学视角下解读中国西部地区“城镇化报道”的实践情况。

二、主导范式的应用分析

本章之所以将发展传播学的主导范式与中国（西部）省级媒体的“城镇化报道”关联起来，基于以下几点考虑：

首先，出发点有相似之处。发展传播学的主导范式出发点在于当时美国的一批政策科学家（美国一流大学的教授们）想为世界上发展中国家的贫困人口寻找脱贫的出路，而当前中国城镇化战略的出发点在于解决“三农”问题，帮助农民脱贫致富，缩小城乡差距，这其实也是为长期贫困的农村与农民寻找新的出路。随着城镇经济的繁荣，城镇功能的完善，公共服务水平和生态环境质量的提升，农民们的物质生活将会更加殷实充裕，精神生活会更加丰富多彩；随着城乡二元体制逐步破除，城市内部二元结构矛盾逐步化解，全体人民将共享现代文明成果。这既有利于维护社会的公平正义、消除各种社会风险与隐患，也有利于促进人的全面发展和社会和谐进步。相应地，全国各地“城镇化报道”的出发点也是为了帮助农民更好地改变自身处境。

其次，主旨都与现代化有关。发展传播学的主导范式旨在帮助发展中国家从传统农业国转变为适应市场需求的现代国家，而当前中国推行的城镇化战略正是为了让中国全域加速现代化进程。城镇化正好能促进

① 《国家新型城镇化规划（2014—2020年）》。

我国从传统农业国转变为适应市场需求的现代国家，因为内需市场是我国最大的市场，而扩大内需的最大潜力就在于城镇化。

目前我国常住人口城镇化率为 53.7%，户籍人口城镇化率只有 36%左右，不仅远低于发达国家 80%的平均水平，也低于人均收入与我国相近的发展中国家 60%的平均水平，这意味着国内城镇化建设还有较大的发展空间。全国各地城镇化水平的持续提高，会使更多农民通过转移就业来提高收入，通过转为市民而享受到更好的公共服务，从而使城镇消费群体不断扩大、消费结构不断升级、消费潜力不断释放，随即也会带来城市基础设施、公共服务设施和住宅建设等巨大投资需求，[①]这对于中国来说将是一个巨大的内需市场，会让中国经济在需求、生产、分配的良性轨道上持续发展下去。在这个良性发展过程中，农民因为有了比传统农业生产收入更高的就业机会，其消费水平和生活水平都会显著提高。在这个城镇化进程中，农民将面临前所未有的人生机遇，但也意味着他们会面临与以往传统农村生活极不相同的城镇生活，农民在现代化进程面前需要做出很多心理调适。

发展传播学主导范式的代表学者勒纳提出的“移情”能力正是现代化社会中人们具备的心理特征，具有这种心理特质的人能以开放的心态迎接生活中的变化，拥有换位思考的能力，乐于理解接受某一问题在不同地方会有不同的解决方法。而中国的“城镇化报道”正需要培养农民群众形成这种“移情”能力——让身处城镇化变革中的农民们知道某一类问题在现代化社会中的解决方案与传统社会有何不同，让他们了解现代化生活会是何种情境，进而能通过传播内容的描摹而想象自己如果身处其他环境会有哪些不同的生活等。如果农民群体能被媒体培养出“移情”能力，就可能比较平和地接受与适应城镇化进程带给他们自身生活的一系列变化。

第三，传播方略都是自上而下地进行。发展传播学主导范式推行的传播方略是依托国家意志自上而下推进的，在后来的修订模式中引入了反馈机制。而中国城镇化战略本身就是国家层面的战略，在其自上而下的推进过程中，各省级媒体的“城镇化报道”要做到兼顾“上情下达”与“下情上达”，为的是既给基层群众提供反映自身诉求的平台，又为

① 《国家新型城镇化规划（2014—2020 年）》。

各级政府搭建“反馈”通道，便于城镇化政策能更好地落实下去。

发展传播学主导范式的传播方略主要依赖于当地社会精英的二次传播，即传播的发展信息内容率先为当地精英人群所接受消化，再由这些精英们进行本土化的创新，继而传播给当地的一般民众。相比之下，中国各省级媒体的“城镇化报道”存在相似之处——也是先将城镇化政策、先进理念与经验传播给当地的公务员、企事业单位工作人员、教师等精英人群，再经由他们的社会关系网络二次传播给当地的普通群众，在这两极传播过程中逐渐凝聚社会共识，从而为本地的城镇化进程营造良好的社会舆论与合作氛围。

第四，两者具体传播策略相似。发展传播学主导范式的研究者们提出的一些具体传播策略比较适合当前中国“城镇化报道”的传播内容与策略。发展传播学主导范式的领军人物施拉姆提出过“六点行动计划”：① 众媒体应当被用来“塑造一种国家情感”；② 大众媒体应当扮演国家计划的喉舌；③ 大众媒体应当担负教育责任，让人们学会“必要的技能”；④ 大众媒体在扩展市场方面也可以发挥积极作用；⑤ 大众媒体应帮助民众适应计划成功后所带来的各种社会变化；⑥ 大众媒体还应当承担教育民众具备主权意识，即每个公民都应具备国家主权意识。而当前中国各省级媒体的“城镇化报道”正好可以做到以上六点内容：

第一，在城镇化进程中凝聚社会共识，加强国家认同——“塑造一种国家情感”。

第二，扮演国家计划的喉舌，及时将国家的城镇化政策、各地相关的先进经验与理念传播给民众。

第三，担负教育责任，引导人们学会“必要的技能”——在现代社会生活中能学习掌握各种必要的技能（媒体应提供学会各种必要技能的渠道与平台）。

第四，在扩展市场方面也可以发挥积极作用——为城镇化进程中公共服务体系的建设及时搭建沟通桥梁、搭造招商引资的有效平台。

第五，帮助民众适应计划成功所带来的各种社会变化——引导处于城镇化变革中的人们能够随时调整自己的心态去接受城镇化推进中的各种变化，通过相关的报道引导人们理解这个变化过快的世界。

第六，全国各省区尤其是西部民族地区的城镇化报道尤其应当承担起教育民众具备主权意识的功能，增强各民族的向心力。

三、凝聚社会共识途径分析

何谓社会共识？顾名思义，即社会公众对一个公共事件形成的统一认识和共同认可的态度。中国城镇化战略的推行就是在全国范围内发起的社会公共事件，城镇化建设是一个长期而艰巨的历史过程，势必牵涉到各个区域、各个省市、各个县镇与村庄中群众的利益。如果在这个过程中没法凝聚社会共识，那么以人为核心的新型城镇化建设就是空谈，必须要在最大层面凝聚社会共识才能保证我国的城镇化建设顺利推进下去。而只有全国各省区城镇化顺利推进，才能保证工业化、信息化的推进有载体去承担，三化齐头并进，最终才能保证中国迈入现代化社会。

在全国的城镇化建设进程中，媒体的相关报道，即“城镇化报道”在凝聚社会共识中能起到很重要的作用。因为中国社会在改革开放的四十年间在发生着急剧的变化，许多变化人们凭借以往的生活经验是根本无法理解和预料的。在这个变化多端的社会中，媒体在告知、解释、引导大众适应社会生活方面起着很大的作用。同理，在城镇化推进的过程中，空间格局与利益格局都在不断发生变化，许多人的生活会随之改变，客观条件的变动自然引发主观意识的波动，人们难免会感到困惑、迷茫，而周围的亲友、熟人也很难给予有效的信息支持，这正是大众媒体发挥答疑解惑、引导受众安度这段困惑不安时日的时候。人们期待从主流媒体那里得到权威的信息传播与解读，从而消除不确定感所带来的惶惑不安。人们也指望自己合理的利益诉求能有主流媒体去关注、去反映给相关的职能部门，最终能从媒体的报道中获益（利益诉求得到满足）。人们更希望当自身利益受损的时候，能有主流媒体去进行舆论监督，最后促成问题的解决和社会公平正义的实现。当主流媒体在“城镇化报道”中紧密联系群众、贴近群众的时候，群众就会信任主流媒体，渐渐接受主流媒体在“城镇化报道”中传播的观点与信念，在接受之后再转化为自己的观点与信念。在众多的社会个体都认可了主流媒体“城镇化报道”所展现的社会图景后，主流媒体自然会凝聚起社会共识，从而更有利于城镇化建设的顺利推进。

以下从发展传播学的理论分析视角出发，分析在西部少数民族地区推进新型城镇化的过程中，在新的矛盾产生和原有的社会转型期的各种矛盾尚未得到有效解决的情况下，省级媒体作为百姓心目中公信力较高的主流传媒，应该如何通过“城镇化报道”凝聚社会共识，亦即“城镇化报道”如何凝聚社会共识的途径分析。

第一，城镇化新闻报道应在尊重多元民族文化的基础上，设法构建和巩固国家认同意识。在城镇化推进过程中，媒体要在尊重各少数民族的传统习俗、宗教信仰以及民俗禁忌并克服跨文化传播障碍（充分考虑到跨文化传播的“文化折扣”并设法消除传播过程中的误解）的基础上，不断捕捉能改善、提升少数民族群众生活水平的新闻事实，以通俗易懂、生动形象、可信可亲的方式报道出来，在长期的播报中逐渐构建和巩固国家认同意识（此时改革所需要的社会共识就会逐渐凝聚起来）。

第二，城镇化新闻报道应阐释“中国梦”，发挥社会动员作用。“中国梦”正是打破先赋条件，在社会公平的保证中逐渐实现各阶层民众的向上流动，让各民族群众及其子女都有实现梦想的上升通道。媒体要通过贴近当地群众的城镇化报道，阐释城镇化过程正是各族人民实现“中国梦”的必要条件——长期存在的城乡二元结构将在这个过程中被打破，农牧民“老有所养、老有所依”的梦想将得以实现。“城镇化”是让离开农牧区而进城务工的农牧民在就业、创业、医疗、养老保障、子女教育、公共服务体系等方面的合法权益被大为提升，而非被损害、被剥夺。

第三，城镇化新闻报道应充分发挥信息传播功能。西部少数民族地区的农牧民希望主流媒体能为他们传递及时有效的科技经济致富信息，从而改变贫穷落后面貌。在城镇化建设中，新闻报道若能帮助农牧民拓宽就业、创业渠道，就会赢得他们的信任和信息路径依赖，而长期的信任和依赖正是媒体凝聚社会共识的必要条件。

第四，城镇化新闻报道应守望、监测当地的社会变革环境，对城镇化过程中暴露的社会问题进行及时曝光，做好下情上达与上情下达的信息沟通工作，揭露利益相关者对失地农牧民、农民工和其他社会弱势群体利益的损害，监督城镇化进程中各级职能部门工作欠妥当之处，通过引发社会各界有识之士的关注和多种社会力量的介入来促成社会问题的妥善解决。城镇化新闻报道的积极作为会使各民族各阶层群众相信媒体是社会公平正义的代言人，相信政府会大力保障公众权益并严厉惩治贪腐行为与害群之马。只要城镇化新闻报道不失实拔高、不回避问题，报道紧紧围绕“想各族群众所想、急各族群众所急”，就会凝聚社会改革信心，令各族群众相信困难和问题都将得到有效解决。

第五，城镇化新闻报道应提供社会公众的决策参与平台。媒体应及时对国家、政府新出台的城镇化政策进行通俗化解读并广泛传播给农牧区各族群众，让他们及时了解政策信息中对自身权益的保障，同时为各民族群众提供利益诉求的通道，让各级决策层及时了解基层存在的问题、呼声、舆论动态，进而在制定决策时将各族群众（尤其是弱势群体）的利益充分考虑进去，这样可防止西部少数民族地区社会矛盾激化。

第六，城镇化新闻报道应发挥社会整合功能。省级媒体一是给进城后积极进取的各族农民工予以聚焦，采写报道他们的奋斗故事，为这些城镇化中的普通身影增强“社会能见度”，鼓舞更多的人前行；二是增强示范效应，媒体可以给某一局域好的城镇化思路或作法进行集中报道，从而达到示范推广借鉴的作用；三是协调当地社会中各方利益，媒体在采访报道过程中不是单纯的“有闻必录”，而应站在客观中立的第三方立场上，起到让矛盾对立方沟通对话、互相妥协让步进而化解矛盾的作用。通过这三种做法，媒体便能发挥社会整合功能为当地的经济社会发展服务。

第七，城镇化新闻报道应发挥创新扩散功能。西部少数民族地区与科技文化较为发达的东中部、沿海地区存在差距，其他地区城镇化先进经验（甚至国外先进经验）的引用推广需要通过各民族精英和社会各界精英（这两者有重合）来推动两级乃至多级传播——媒体把这些先进经验以各族群众喜闻乐见的方式播报出来，通过打动精英层来影响普通群众。

第八，城镇化新闻报道应发挥科学教育功能，逐渐培养各族群众的“现代化性格”，提高公众对新事物、新现象、新信息的认知、理解、辨别、利用能力。

第九，城镇化新闻报道应发挥文化娱乐功能，用新闻小故事、趣闻实录、人物专访、体验式报道、新闻图片集纳等来发挥文化娱乐作用，改变西部少数民族地区文化娱乐生活较为落后的局面，营造健康向上的文娱氛围，寓教于乐，为社会正能量的传播创造条件。同时，城镇化新闻报道中也应该注意推介各少数民族的原生态文化资源，因为“越是民族的，就越是世界的”，努力挖掘与现代化建设互补的民族文化精华，并予以广泛传播，从而帮助西部少数民族地区形成特色文化产业和旅游项目（进一步带动当地经济发展）。

简而言之，西部少数民族地区省级媒体“城镇化报道”凝聚社会共识的途径如图 1 所示：

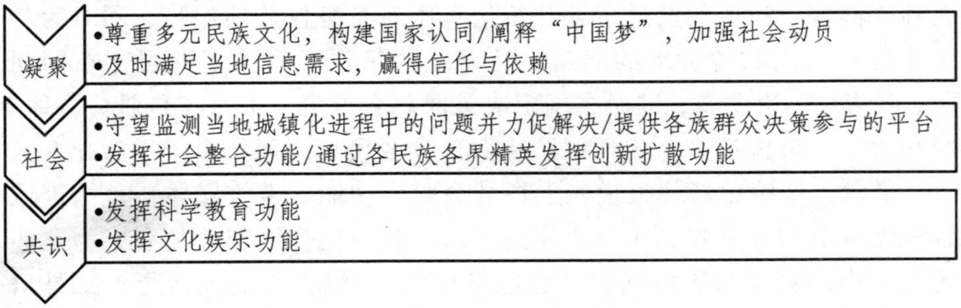

图 1

综上所述，当前中国（西部）“城镇化报道”的实践可以理解为在中国当代语境中实践着几十年前发展传播学主导范式的理论，或者说当前的中国（西部）“城镇化报道”实践赋予了发展传播学主导范式新的生机与活力。

参考文献

[1] 国家新型城镇化规划（2014—2020年）.

[2] 陈卫星. 关于发展传播理论的范式转换[J]. 南京社会科学，2011（1）.

[3] 韩鸿，阿尔文·辛文德. 超越创新扩散？——论发展传播学中的正态偏差研究[J].国际新闻界，2012（2）.

[4] 韩鸿. 参与式传播：发展传播学的范式转换及其中国价值——一种基于媒介传播偏向的研究[J]. 新闻与传播研究，2010(1).

[5] 韩鸿. 参与式影像与参与式传播——发展传播视野中的中国参与式影像研究[J]. 新闻大学，2007（4）.

[6] 王锡苓，孙莉，祖昊. 发展传播学研究的"赋权"理论探析[J]. 今传媒，2012（4）.

[7] 科林·斯巴克斯. 全球化、社会发展与大众媒体[M]. 刘舸，等，译. 北京：社会科学文献出版社，2009.

[9] 四川日报（2013—2018）各期.

[10] 新疆日报（2013—2019）各期.

[11] 华西都市报（2013—2018）各期.

[12] 新疆都市消费晨报（2013—2019）各期.